DIE BAUWERKE

UND KUNSTDENKMÄLER

VON BERLIN

BEIHEFT 12

DIE BAUWERKE UND KUNSTDENKMÄLER VON BERLIN

HERAUSGEGEBEN VOM
SENATOR FÜR STADTENTWICKLUNG UND UMWELTSCHUTZ
– LANDESKONSERVATOR –

BEIHEFT 12

MONIKA ARNDT

DIE »RUHMESHALLE« IM BERLINER ZEUGHAUS

EINE SELBSTDARSTELLUNG PREUSSENS
NACH DER REICHSGRÜNDUNG

GEBR. MANN VERLAG · BERLIN

MONIKA ARNDT

DIE »RUHMESHALLE« IM BERLINER ZEUGHAUS

EINE SELBSTDARSTELLUNG PREUSSENS NACH DER REICHSGRÜNDUNG

GEBR. MANN VERLAG · BERLIN

CIP-Kurztitelaufnahme der Deutschen Bibliothek

Die *Bauwerke und Kunstdenkmäler von Berlin* / hrsg.
vom Senator für Stadtentwicklung u. Umweltschutz,
Landeskonservator. – Berlin: Mann
Teilw. hrsg. vom Senator für Bau- u. Wohnungswesen, Landeskonservator
NE: Berlin ‹West› / Senator für Stadtentwicklung und Umweltschutz;
Berlin ‹West› / Senator für Bau- und Wohnungswesen
Beih. 12. Arndt, Monika: Die »Ruhmeshalle« im Berliner Zeughaus, eine
Selbstdarstellung Preußens nach der Reichsgründung. – 1985.

Arndt, Monika:
Die »Ruhmeshalle« im Berliner Zeughaus, eine Selbstdarstellung Preußens
nach der Reichsgründung / Monika Arndt. – Berlin: Mann, 1985.
(Die Bauwerke und Kunstdenkmäler von Berlin; Beih. 12)
ISBN 3-7861-1426-9

Satz: Utesch Satztechnik GmbH · Hamburg
Druck: Druckerei Hellmich KG · Berlin
Verarbeitung: Lüderitz & Bauer GmbH · Berlin
Printed in Germany · ISBN 3-7861-1426-9

INHALTSVERZEICHNIS

VORWORT

Diese Studie entstand im Zusammenhang mit einem von K. Arndt entwickelten Forschungsprojekt zur Berliner Denkmalsgeschichte, das aus dem von Stephan Waetzoldt begründeten Arbeitskreis »Kunst, Kultur und Politik im Deutschen Kaiserreich« hervorging und von der Fritz-Thyssen-Stiftung großzügig gefördert wurde (vgl.: E. Mai und S. Waetzoldt [Hrsg.], Kunstverwaltung, Bau- und Denkmal-Politik im Kaiserreich, Berlin 1981, S. 165ff.).

Als studentische Mitarbeiter waren Frau Susanne Bosch-Abele und Frau Elga Ziechmann an der Materialsammlung beteiligt. Viele Hinweise verdanke ich der von ihnen vorgenommenen systematischen Durchsicht älterer Zeitschriften.

Zahlreiche Mitarbeiter von Archiven und Sammlungen haben mich in der freundlichsten Weise unterstützt; ich darf hier nennen: das Landesarchiv Berlin, das Geheime Staatsarchiv Preußischer Kulturbesitz, das Zentrale Staatsarchiv Dienststelle Merseburg, das Institut für Denkmalpflege Berlin, die Staatlichen Museen zu Berlin, Nationalgalerie, Sammlung der Handzeichnungen, die Technische Universität Berlin, Plansammlung der Universitätsbibliothek, sowie die Kunstbibliothek Berlin.

Nicht zuletzt möchte ich dafür danken, daß der Landeskonservator von Berlin, Herr Professor Dr. Helmut Engel, diese Abhandlung in die Reihe der Beihefte der »Bauwerke und Kunstdenkmäler von Berlin« aufgenommen hat, und daß damit die großzügige Betreuung durch den Gebr. Mann Verlag möglich wurde.

EINLEITUNG

Nichts erinnert mehr an Ort und Stelle an die sog. »Ruhmeshalle«, eines der aufwendigsten Denkmalsprojekte, die der Preußische Staat seit der Reichsgründung in Berlin verwirklicht hatte. Dort war zwischen 1877 und 1883/91 im barocken Zeughaus durch Um- und Einbauten, durch Skulpturen, Wand- und Deckenbilder ein »Heim des deutschen Kriegsruhms« geschaffen worden, das außer dem Innenhof eine »Herrscherhalle« zwischen zwei »Feldherrnhallen« umfaßte. Von diesem Denkmal erwartete man, daß sein Anblick »die patriotischen Herzen erwärmen« und die »jungen Generationen anfeuern (werde), es den Großthaten ihrer Vorfahren gleichzuthun; nicht allein auf dem Schlachtfelde, sondern auch in dem geistigen Kampfe für unser theures Vaterland«.[1] Dieser große Museums- und Denkmalsbau, in dem konservative Kreise den »Niederschlag der ganzen nationalen Arbeit der Armee... gewissermaßen konzentriert... zu einer Sammlung unseres berechtigten Nationalstolzes« sehen wollten, wurde 1945 schwer beschädigt.[2] Beim Wiederaufbau des Zeughauses (1949–67) und seiner Einrichtung als »Museum für Deutsche Geschichte« wurde aus naheliegenden Gründen auf eine Rekonstruktion der »Ruhmeshalle« verzichtet.

So finden sich nur noch wenige Überreste von dem ungewöhnlich umfangreichen Skulpturen- und Gemäldeprogramm, verstreut und aus ihrem ursprünglichen Zusammenhang gerissen: die Kolossal-Figur der Borussia aus dem Zeughaus-Innenhof wird *Abb. 1* gegenwärtig in der ehemaligen Pumpstation am Berliner Landwehrkanal aufbewahrt, nachdem sie lange Jahre (zwischen 1936 und 1981) im West-Berliner Preußenpark gestanden hatte; der sog. »Flensburger Löwe« – eine dänische Trophäe, die seit 1867 *Abb. 2* ebenfalls im Innenhof aufgestellt gewesen war – blieb in einer um 1874 auf der Landspitze Heckeshorn am Großen Wannsee errichteten Zinkguß-Kopie erhalten. Schließlich sind die acht überlebensgroßen Bronzestandbilder preußischer Regenten *Abb. 3* aus der »Herrscherhalle« zu nennen; sie fanden 1960 ihren neuen Platz auf der Bastei der Burg Hohenzollern bei Hechingen.[3]

Die Literaturhinweise werden z. T. abgekürzt zitiert. Die vollständigen Titel bietet das Abkürzungsverzeichnis.

[1] Graf v. Rittberg in der Verhandlung des preußischen Herrenhauses am 22. 2. 1877, in der es um die Annahme des Gesetzentwurfs zur Umwandlung des Zeughauses ging: St. Ber. H, Session 1877, 1. Bd., Berlin 1877, S. 111f. – Das erste Zitat: Parole, 5. 4. 1889, S. 165. – Die »Eigeninterpretation« der Zeit sollen die im folgenden häufiger wiedergegebenen Zitate verdeutlichen.

[2] So Graf zur Lippe in der unter Anm. 1 genannten Verhandlung. Zur Geschichte des Zeughauses nach 1945: Götz Eckardt (Hrsg.), Schicksale deutscher Baudenkmale im Zweiten Weltkrieg, Berlin 1978, Bd. 1, S. 47f.

[3] Weitere Reste mögen noch vorhanden sein, sind aber derzeit nicht nachweisbar. Ferner sei schon an

Abb. 1 Reinhold Begas, Borussia, 1885. Ehemals Innenhof.

Abb. 2 Hermann V. Bissen, Flensburger Löwe, 1853. Ehemals Innenhof.

Abb. 3 Emil Hundrieser, Friedrich Wilhelm III., 1884. Ehemals Herrscherhalle.

Im folgenden soll der Versuch gemacht werden, die Entstehungsgeschichte sowie die Ausstattung und Ikonographie der »Ruhmeshalle« zu rekonstruieren – und zwar vor dem Hintergrund als Konzept vergleichbarer, im Programm z. T. durchaus verschiedener Projekte, die schon früher oder auch gleichzeitig für Berlin und andernorts entwickelt worden waren.

Bei den zahlreichen ikonographischen Details, die in dieser Untersuchung zu behandeln sind, wurde bewußt im Sinne einer überschaubaren Bestandsaufnahme verfahren, d. h. auf umfangreiche Rückverweise in die Tradition verzichtet. Meine Arbeit versteht sich insofern als Materialsammlung zu der noch zu schreibenden politischen Ikonographie des 19. Jahrhunderts. Die in großer Fülle erhaltenen Studien Friedrich Geselschaps für seine Kompositionen in der »Herrscherhalle« wurden nur in einer knappen Auswahl berücksichtigt, dort nämlich, wo sie geeignet sind, die nur in alten Reproduktionen überlieferten Malereien – wenn auch mit Veränderungen – zu veranschaulichen. Das zeichnerische Material insgesamt zu bearbeiten, sollte einer eigenen Untersuchung über das Schaffen Geselschaps vorbehalten bleiben. In diesen Zusammenhang würde dann auch eine detaillierte stilistische Würdigung der Wandbilder dieses Malers gehören.

---

dieser Stelle auf umfangreiches zeichnerisches Material hingewiesen, das der Vorbereitung der Wandmalereien in der oberen Wand- und der Kuppelzone der Herrscherhalle gedient hatte (in den Staatl. Museen zu Berlin, Nationalgalerie, Sammlung der Handzeichnungen).

Nicht stilistisch untersucht wurden ferner die historischen Wandgemälde in den beiden »Feldherrnhallen«, da diese Kompositionen zerstört und überdies keine für solche Zwecke ausreichenden Reproduktionen vorhanden sind.

DER BAULICHE RAHMEN: DAS ZEUGHAUS

Das Berliner Zeughaus, das zwischen 1695 (Grundsteinlegung) und 1706 (Vollendung des Außenbaues) bzw. 1731 (volle Waffenbelegung) durch Kurfürst Friedrich III. (seit 1701 König Friedrich I.) errichtet worden war, sollte von Anfang an mehr als nur ein reiner Nutzbau sein. Durch seine städtebaulich hervorragende Lage – an der Nahtstelle zwischen dem Stadtschloß und der seit 1647 angelegten »Linden-Allee« als der Verbindung zur Dorotheen- und Friedrichstadt sowie zum Tiergarten und zum Lustschloß Lietzenburg (Charlottenburg) – war seine Bedeutung von vornherein unterstrichen: über die sachliche Funktion hinaus sollte es als repräsentativer, militärische und damit politische Macht demonstrierender Denkmalsbau dienen. Darauf weist zunächst die Inschrift über dem Hauptportal an der Südfassade hin; sie besagt: *Abb. 4–6*

»JUSTITIAE.ARMORUM.TERRORI.HOST. / TUTELAE.SUORUM.POP.ET.FOEDERAT. / FRIDERICUS I. / REX.BORUSS.P.P.P.AUG.INV. / HOC.ARMAMENTARIUM.OMNI.INSTRUM.BELL. / NEC.NON.SPOLIOR.MILIT. / AC.TROPHAEOR.GENERE.REFERTUM. / A.FUNDAM.EXTRUENDUM.CUR.MDCCVI.«

Ferner veranschaulicht diesen Anspruch der beeindruckende, sich an Perraults Louvre-Kolonnade orientierende Entwurf des Bauwerks selbst (in dessen Leitung sich nacheinander Johann Arnold Nering, Martin Grünberg, Andreas Schlüter und Jean de Bodt teilten) sowie der aufwendige bildhauerische Schmuck, den Andreas Schlüter, Wilhelm Hulot und Georg Gottfried Weihenmeyer geschaffen haben.[4] Hier sind im Hinblick auf den Außenbau die Trophäen und allegorischen Kriegsgruppen auf der Attika, die Giebelreliefs mit sinnbildlichen, sich auf das Militärwesen und das preußische Königshaus beziehenden Darstellungen sowie die Metopenfelder des Gebälks mit ihren Reliefs verschiedener Kriegssymbole zu nennen. Für den Innenhof sei neben den Metopenfeldern an Schlüters berühmte Masken erschlagener Krieger auf den Schlußsteinen der Erdgeschoßfenster erinnert.

Schließlich dürfen in diesem Zusammenhang die vielen Geschütze und »Bomben-Haufen«, die das Arsenal umgaben, nicht vergessen werden. »Das neue Königl. Zeughauß ist ein vortreffliches, grosses und magnifiques Gebäude, dergleichen man an kostbarer Bildhauer-Arbeit, und ungemeinen Vorrath, an Canonen, Mortiers,

[4] Zur Baugeschichte des Zeughauses, die hier nicht wiedergegeben werden kann, vgl.: Perdisch, Nitschmann und F. Adler, Das Zeughaus zu Berlin, in: Zeitschrift für Bauwesen 20, 1870, Sp. 59ff. – Berlin und seine Bauten, Berlin 1877, S. 237ff. (bzw. Berlin 1896, Bd. II/III, S. 233ff.). – C. Gurlitt, in: ZfbK 1884, Kchr. Sp. 296ff., 622ff. – P. Wallé, in: ZfbK 1884, Kchr. Sp. 477f., und in: WAI 6, 1884, S. 138ff. – R. Borrmann, in: CdB 11, 1891, S. 88, und ders., Die Bau- und Kunstdenkmäler von Berlin, Berlin 1893, S. 377ff. – H. Ladendorf, Der Bildhauer und Baumeister Andreas Schlüter, Berlin 1935, S. 33ff. mit weit. Lit.

Abb. 4 Zeughaus, Südseite.

Abb. 5 Zeughaus, Südost-Ecke.

Abb. 6 Zeughaus, Westseite.

Gewehr und andern Krieges-Erforderungen, in ganz Deutschland, ja gar in Europa schwerlich finden wird ...«, hieß es 1756.[5]

Ein wesentlicher, die Bedeutung des neuen Zeughauses betonender Bestandteil des Ausstattungsprogramms sollte ursprünglich die Statue des Bauherrn, des Kurfürsten Friedrichs III., sein, der bald nach der Grundsteinlegung bestimmt hatte, daß sein Denkmal im Innenhof aufgestellt werde.[6] Zur Ausführung dieser Absicht sollte es allerdings nicht kommen: das 1697 von Schlüter modellierte, 1698 durch Johann Jacobi gegossene Standbild behielt man zunächst im Gießhaus zurück, da eine baldige Vollendung des Arsenals noch nicht in Aussicht stand. Doch auch nach Fertigstellung des Außenbaues 1706 unterblieb die Errichtung der Statue im Zeughaushof – eine Tatsache, die ihrerseits die außergewöhnliche politische Bedeutung dieses Bauwerks vor Augen zu führen scheint: nach der der Erhebung Preußens zum Königreich (1701)

---

[5] Johann Christoph Müller und Georg Gottfried Küster, Altes und neues Berlin, 3. Abt., Berlin 1756, Sp. 154 (abgedr. im Dokumentenanhang, Nr. 1). – Vgl. auch die alten Beschreibungen bei: Friedrich Nicolai, Beschreibung der königl. Residenzstädte Berlin und Potsdam, Berlin 1779, S. 136ff. – Johann Christian Gädicke, Lexicon von Berlin und der umliegenden Gegend, Berlin 1806, S. 659. – J. D. F. Rumpf, Berlin und Potsdam, 1. Bd., Berlin 1808, S. 121f. – S. H. Spiker, Berlin und seine Umgebungen im 19. Jahrhundert, Berlin 1833, S. 12. – E. Fidicin, Berlin, historisch und topographisch dargestellt, Berlin 1843, S. 147.

[6] Heinz Ladendorf, wie in Anm. 4, S. 16ff. – Ein Nachguß dieser seit Ende des 2. Weltkrieges verschollenen Figur vor dem Neuen Flügel des Schlosses Charlottenburg.

mochte die Aufstellung des Denkmals, das Friedrich noch als Kurfürsten und damit ohne die Abzeichen der neuen Würde zeigte, gerade hier als nicht mehr angemessen erscheinen. Nicht mit diesem durch die aktuellen Entwicklungen überholten Monument, sondern mit einem über dem Hauptportal angebrachten, von der eben errungenen Königskrone überragten Bildnismedaillon ließ sich daher der Gründer des Magazins feiern.

ZUR FRÜHEN »DENKMALSGESCHICHTE« DES ZEUGHAUSES

Es versteht sich von selbst, daß in den folgenden Jahrzehnten die politischen Wechselfälle sich in der Geschichte auch dieses Bauwerks spiegelten: erinnert sei hier nur an die Plünderungen 1760 durch russische, 1806 durch französische Besatzungstruppen, aber auch an die beträchtlichen Erweiterungen der Trophäenbestände in den Jahren der Befreiungskriege. In dieser Zeit patriotischer Hochstimmung wurde nun zum ersten Mal ein Plan zur Sprache gebracht, mit dessen Durchführung der traditionelle Charakter des Magazins als eines Denkmals verstärkt, seine Bedeutung als Nutzbau hingegen beträchtlich herabgemindert worden wäre.

Um die Jahreswende 1814/15, also noch vor der endgültigen Niederlage Napoleons, waren zwei 1814 in La Fère erbeutete französische Mortiers und eine in Paris zurückeroberte deutsche Kanone in Berlin eingetroffen.[7] Hier sollten sie auf Weisung des Königs öffentlich als Siegestrophäen aufgestellt werden – um damit (wie man ergänzen darf), ebenso wie die am 7. August 1814 wiedererrichtete Quadriga des Brandenburger Tores und die am 15. September desselben Jahres erfolgten Umbenennungen des Quarrees und Oktogons in »Pariser«- und »Leipziger«-Platz, erste Denkmäler zur Erinnerung an die siegreiche Erhebung Preußens zu bilden.

Im Hinblick auf den Standort hatte Friedrich Wilhelm III. das Areal vor der Westfassade des Zeughauses bzw. eine südliche Partie des Lustgartens in der Nähe der damals dort befindlichen Schadowschen Statue des Fürsten Leopold von Anhalt-Dessau in Erwägung gezogen.

In die daraufhin veranlaßten ersten Vorbereitungen schaltete sich bald Prinz August von Preußen, ein Onkel des Königs, ein; er übermittelte Friedrich Wilhelm III. seinerseits Vorschläge zur Aufstellung der Geschütze, die auf seine Aufforderung hin im Mai 1815 von Schinkel entworfen worden waren. Die Idee des Architekten – so schrieb der Prinz am 7. 6. 1815 – »scheint dem Zweck, vor das hiesige Publikum, als den Repräsentanten der ganzen Nation, die Geschütze als eine Trophäe der unter Ew. Königlichen Majestät so ruhmvoll errungenen Siege hinzustellen, ganz zu entsprechen, um dadurch nicht bloß die Erinnerung zu beleben, sondern auch die gegenwärtige und die folgenden Generationen zu gleichen Thaten und ähnlichen Opfern zur Behauptung der theuer erkauften Freiheit anzufeuern«.[8]

Wie sah Schinkels Plan aus? Von einer denkmalhaften Aufstellung der drei Geschütze im Freien hielt er nichts; es sei eine »unauflösbare Aufgabe«, »Trophäen aus unsern

[7] Zum folgenden: Der Soldatenfreund 37, 1869/70, S. 153 ff. Kurz erwähnt wird dieser Vorgang auch in: NPZ vom 25. 3. 1875 (abgedr. im Dokumentenanhang, Nr. 4); in der Schinkel-Literatur ist er mir nicht begegnet. Die im »Soldatenfreund« genannten Akten zu dieser Denkmalsplanung gelten als im letzten Krieg zerstört (frdl. Auskunft des ZSTA Merseburg).

[8] Abgedr. in: Soldatenfreund 1869/70, S. 161 ff.

Kriegswerkzeugen zusammen zu bauen, die außer dem historischen Werth auch in Hinsicht des Aesthetischen die Bedingungen eines Monuments für die Nachwelt erfüllen könnten«. Er denke vielmehr daran, die Geschütze im Innern des Zeughauses aufzustellen; eigne sich dieses Gebäude doch »mehr wie irgend ein anderes in den Hauptstädten Europa's zu einem würdigen Tempel, in welchem die Wahrzeichen rühmlicher Kriegsthaten niedergelegt würden«.

Zu diesem Zweck schlage er vor, in der Mitte des Südflügels, d. h. in unmittelbarer Verbindung mit dem Hauptportal, einen Raum durch hohe eiserne Gitter auszugliedern, um dort die schönsten, mit Inschriften zu versehenden Trophäen zu errichten. Die zugehörigen Fensteröffnungen und das Portal sollten ebenfalls mit Eisengittern versehen werden, damit »das Volk von außen in diese dem Kriegsruhm geweihte Halle hineinschauen könnte«. Hier nun dachte sich Schinkel auch die drei erbeuteten Geschütze.

Im übrigen wollte er die Trophäenhalle nur zu gewissen Zeiten, nämlich an den Jahrestagen bedeutender Sieges- und Friedensfeiern, für das Publikum geöffnet sehen, »wodurch das Ganze an Reiz und Eindruck weit mehr gewinnen wird, als wenn es dem vollkommenen Anblick täglich ausgestellt ist, wo die Gewohnheit sehr leicht die Wirkung schwächt« – eine von romantischer Empfindsamkeit bestimmte Überlegung, die darauf abzielte, das Denkmal dem »Getümmel der Geschäfte« (F. Gilly)[9], dem

Abb. 7 Kanonen-Monument vor der Westseite des Zeughauses.

[9] Gillys Worte (1797) beziehen sich auf den Leipziger Platz als Standort für das von ihm entworfene

»alltäglichen Gewühl und Treiben der Menschen« (Schinkel)[10] zu entrücken und so den Betrachter für dessen Botschaft doppelt empfänglich zu machen.

Der Vorstand des 1. Departements des Kriegsministeriums erklärte sich mit Schinkels Vorschlag grundsätzlich einverstanden, wandte jedoch ein, daß nunmehr nach dem endgültigen Sieg über Frankreich derart viele Waffen unterzubringen sein würden, daß wohl kaum genügend Platz für die geplante Trophäenhalle bleiben werde. Mit einer Verkleinerung des vorgelegten Entwurfs könne man dieser Schwierigkeit allerdings begegnen.

Tatsächlich reichte Schinkel am 6. Oktober 1815 einen entsprechend überarbeiteten Plan ein, fügte jedoch zugleich einen Alternativvorschlag bei, der den ersten Entwurf noch übertraf. Offenbar hoffte er, angesichts der politischen Ereignisse schließlich doch (vielleicht beim Kronprinzen?) Zustimmung zu gewinnen.

Seine »große« Lösung erläuterte Schinkel in einem Begleitschreiben: »Bei der näheren Bearbeitung dieses Projekts ward mirs jedoch einleuchtend, daß nach so

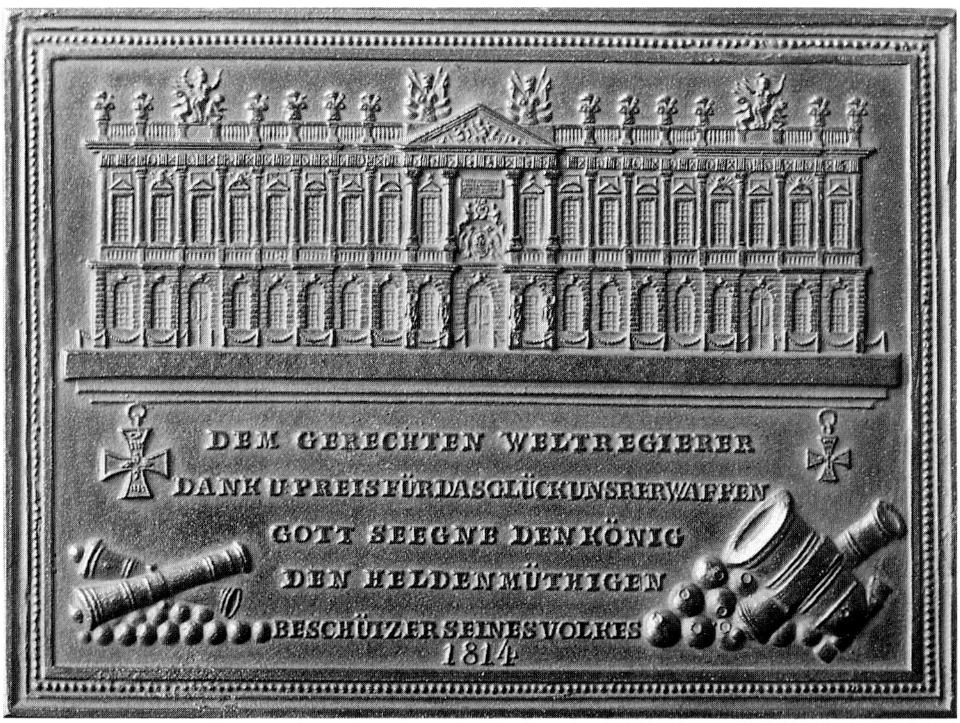

Abb. 8 »Neujahrskarte« der Berliner Eisengießerei, 1814.

Friedrichs-Monument. Vgl. dazu zuletzt: Alste Oncken, Friedrich Gilly, Berlin 1981 (= Neudruck der 1. Auflage von 1935), S. 43.

[10] Schinkels Äußerung (1814) meint ebenfalls den Leipziger Platz, wo sich der von ihm geplante Nationaldom erheben sollte: vgl. seine Denkschrift vom Sommer 1814, abgedr. bei: Paul Ortwin Rave, Karl Friedrich Schinkel, Berlin I, Berlin 1941, S. 189ff. bes. S. 190.

großen Siegen und bei der Höhe und Größe, welche die Preußische Nation erreicht hat, der Maaßstab dieser Halle viel zu klein sei und besonders im Verhältniß mit dem prächtigen und großen Monumente, welches sich in unserem Zeughause als architektonisches Kunstwerk selbst ausspricht, leicht als eine kleinliche und ärmliche Anlage erscheinen kann.« Er schlage daher vor, das *gesamte* Erdgeschoß als Trophäenhalle einzurichten und alle Fenster der Südfassade zu verglasen, um dem Publikum einen ungehinderten Blick auf eine »blinkende Waffenwand« zu ermöglichen. »Bei Festtagen für Sieg und Frieden könnte die Halle so geöffnet werden, daß das Volk durch die Thüren an der Spree auf einer Seite ein-, auf der anderen Seite hinausgelassen würde, und durch den ganzen unteren Raum wie durch eine lange schön geschmückte Straße ginge.«

Zustimmung fand Schinkels großer Plan jedoch nicht. Das Kriegsministerium lehnte ihn in Konsequenz seiner früheren Einwände am 16. Januar 1816 ganz entschieden ab, da »er dem technischen Dienst zu viel Raum entzöge«.[11] Damit war die Angelegenheit überhaupt erledigt: Die drei Geschütze, die den Ausgangspunkt für Schinkels Überlegungen gebildet hatten, wurden in der Nacht des 27./28. Juni 1816 *Abb. 7* auf Befehl des Königs vor der Westseite des Arsenals aufgestellt.[12]

Wie nahe der Gedanke Schinkels lag, das Zeughaus in ein Monument preußischen Waffenruhms umzuwandeln, zeigt auf seine Weise ein Erzeugnis des Berliner Kunstgewerbes. In der Reihe der jährlich von der Berliner Eisengießerei als Werbung herausgegebenen »Neujahrskarten«, feinprofilierten Reliefplatten, erschien 1814 eine *Abb. 8* Plakette, deren Darstellung im Gegensatz zu den meisten anderen ihrer Art eindeutig politischen Charakter besitzt. Sie zeigt in ihrer oberen Hälfte eine Ansicht der Hauptfassade des Magazins und darunter – von je einem Eisernen Kreuz sowie Geschützrohren und Kugeln gerahmt – die Inschrift: »DEM GERECHTEN WELTREGIERER / DANK U. PREIS FÜR DAS GLÜCK UNSERER WAFFEN / GOTT SEGNE DEN KÖNIG / DEN HELDENMÜTHIGEN / BESCHÜTZER SEINES VOLKES / 1814«.[13] Das Arsenal erscheint hier unmißverständlich als Symbol des militärischen Triumphes.

Diente das Zeughaus in den folgenden Jahrzehnten auch weiterhin als Nutzbau – wobei offenbar von einer angemessenen Aufbewahrung und Ordnung der modernen und historischen Bestände nicht gesprochen werden konnte –, so sollte sich doch sein Charakter allmählich in Richtung eines waffenhistorischen Museums und damit zugleich eines preußischen Geschichtsdenkmals verändern. Erste Schritte dazu tat – wiederum auf Anregung des Prinzen August von Preußen – König Friedrich Wilhelm

---

[11] Soldatenfreund 1869/70, S. 167.

[12] Vgl. dazu: W. Mila, Berlin oder die Geschichte des Ursprungs, ..., Berlin u. Stettin 1829, S. 456. – Der Familienfreund 1, 1869, S. 39f. – P. O. Rave, wie Anm. 10, Berlin III, Berlin 1962, S. 144. – Die in der Mitte zwischen zwei Geschützen plazierte deutsche Kanone wurde später durch das 1871 in der Feste Mont Valérien bei Paris erbeutete Riesengeschütz ersetzt: Führer 1910, S. 136. – Otto Hach, Kunstgeschichtliche Wanderungen durch Berlin, Berlin 1903^2, S. 29.

[13] Ein Exemplar dieser von dem Graveur Louis Beyerhaus geschaffenen Plakette im Schinkelpavillon, Charlottenburg. Zu den Neujahrskarten vgl.: Eva Schmidt, Der preußische Eisenkunstguß, Berlin 1981, S. 88ff. (dort jedoch das Exemplar von 1814 nicht abgeb.).

III., als er 1820 ein »Andenken-Museum« im Arsenal einrichten ließ und bald darauf, 1826/7, bedeutende Waffenschätze aus der Kunstkammer, den Königlichen Schlössern und der ehemaligen »Krügerschen Sammlung« dorthin überwies.[14] Nicht überraschen kann daher die Tatsache, daß man in der Folgezeit einzelne Standbilder im Innern des Gebäudes aufstellte: spätestens 1845 hatten dort die originalgroßen Gipsmodelle der beiden Blücher-Statuen, von Christian Daniel Rauch für Berlin (1826) bzw. für Breslau (1827) geschaffen, ihren Platz gefunden[15]; 1867 erging die Ordre König Wilhelms, im Gewehrsaal die Modelle der für die Rheinbrücke bei Köln vorgesehenen Reiterbilder Friedrich Wilhelms IV. (von Gustav Bläser) und Wilhelms
Abb. 2 I. (von Johann Friedrich Drake) zu zeigen[16]; ebenfalls 1867 stellte man auf Weisung des Königs die kolossale Figur des »Flensburger Löwen«, eine 1864 durch den Grafen Wrangel erbeutete dänische Trophäe, im Hof des Zeughauses auf.[17]

Der Entschluß, auf eine praktische Zweckbestimmung des Arsenals schließlich ganz zu verzichten, ergab sich fast von selbst. Einerseits konnte man den stetig wachsenden Bedarf an Waffen aller Art dort schon längst nicht mehr angemessen und vorschriftsmäßig lagern; andererseits hatten die Bestände an eroberten Trophäen durch die Kriege von 1864, 1866 und 1870/71 in ganz erheblichem Umfang zugenommen.[18] Mit diesem Bau nun ein ideologisch wirksames Monument zu schaffen, das von der Macht der preußischen Armee und Preußens überhaupt künden konnte, lag zumal

---

[14] Der Bär 2, 1876, S. 127. – Führer 1914, S. 3 – P. O. Rave, wie Anm. 10, Berlin I, Berlin 1941, S. 380.

[15] Soldatenfreund 1845, S. 5705. – Rauch schenkte die beiden Modelle dem preußischen Kriegsministerium als Zeichen des Dankes. Er hatte von dort bereitwillige Unterstützung erfahren, als er Vorlagen für Kriegsgerät und Uniformen brauchte, die er auf den Sockelreliefs des Berliner Blücher-Denkmals darstellen wollte. Das Kriegsministerium überwies die Figuren dem Zeughaus zur Aufstellung: Friedrich und Karl Eggers, Christian Daniel Rauch, Bd. 2, Berlin 1878, S. 148, 151.

[16] ZSTA Merseburg, Hist. Abt. II, 2.2.1. Nr. 20835, Bl. 166. – Dioskuren 20, 1875, S. 123. Auch scheint man erwogen zu haben, die durch die Kiß'schen Bronzen ersetzten Marmorstatuen der friderizianischen Generäle vom Wilhelmsplatz in das Zeughaus zu bringen: Dioskuren 7, 1862, S. 210, 282, 305f.

[17] Dieser Löwe – 1853 von Hermann Vilhelm Bissen, einem Schüler Thorvaldsens geschaffen – hatte sich ursprünglich in Flensburg befunden, wo ihn die Dänen nach ihrem Sieg über die Schleswig-Holsteiner (in der Schlacht bei Idstedt 1850) als Triumphzeichen errichtet hatten. Nach der Niederlage Dänemarks 1864 ließ Graf Wrangel die Figur abtragen und für den Transport nach Berlin verpacken, wo sie nach einer Restaurierung 1867 ihre Aufstellung im Innenhof des Zeughauses fand. Dort stand sie noch mindestens bis zur Jahresmitte 1874; wann sie in den Hof der Kadettenanstalt in Groß-Lichterfelde überführt wurde, ist bisher nicht bekannt. Im Sommer 1874 wurde eine Zinkguß-Kopie des Löwen hergestellt und wohl bald danach auf der Landspitze Heckeshorn am Großen Wannsee aufgestellt: ZSTA Merseburg, Hist. Abt. II, 2.2.1. Nr. 20835, Bl. 162–64, 166, 168. – ZfpB 28, 1868, Sp. 168. – Dioskuren 19, 1874, S. 203. – NPZ vom 1. 7. 1874. – Robert Springer, Berlin, die deutsche Kaiserstadt, Darmstadt 1876, S. 121. – Franz Lederer, Berlin und Umgebung, Berlin o. J., S. 89. – Reclams Kunstführer, Berlin, Stuttgart 1977², S. 563. – Ein kleines Gipsmodell des Löwen-Monuments befindet sich in Kopenhagen, Rosenborg (Inv. Nr. 7729); es zeigt den Löwen auf dem rechteckigen Sockel, der mit je zwei Porträtmedaillons an den Längsseiten sowie Inschrifttafeln an Vorder- und Rückseite (die Originale, Bronze, im Kopenhagener Zeughaus-Museum) geschmückt war.

[18] DBZ 1876, S. 207. – Berlin und seine Bauten, Berlin 1877, S. 239. – Fr. Frhr. v. Dincklage, in: Westermanns illustrierte deutsche Monatshefte 94, 1903, S. 65. – Führer 1914, S. 4.

Abb. 9 J. M. Kolb, Das Zeughaus und die Neue Wache, ca. 1850.

nach der 1871 erreichten Einigung Deutschlands unter Preußens Führung auf der Hand. Das Zeughaus bot sich in geradezu idealer Weise an, in ein »Denkmal der uralten deutschen Wehrkraft und der kampfreichen Menschenalter..., in denen die deutsche Einheit errungen wurde«, umgewandelt zu werden.[19]

Abb. 9 Es erhob sich an einem Platz in Verlängerung der »Linden« – der preußischen »via triumphalis« – im Zentrum der Residenz, das sich seit dem 18. Jahrhundert zu einem staatlichen Repräsentationsbezirk entwickelt hatte; hier dienten Architektur und Skulptur auf engstem Raum der Selbstdarstellung Preußens.[20] In unmittelbarer Nach-
Abb. 7 barschaft des Arsenals befand sich die Neue Wache (1816/18) mit dem erwähnten Kanonen-Monument (1816) sowie den Statuen Scharnhorsts (1822) und Bülows (1822), denen auf der gegenüberliegenden Straßenseite die Standbilder Blüchers (1826), Gneisenaus (1855) und Yorks (1855) entsprachen. Wie alle diese Denkmäler diente schließlich auch die vom Zeughaus hinüber in den Schloßbezirk führende Brücke mit ihrem kriegerischen Skulpturenprogramm der Verherrlichung der militärischen Leistungen Preußens in den Jahren der Erhebung.

Dem Magazin gegenüber lagen das Königliche Palais (Kronprinzenpalais) und das Kronprinzessinnenpalais sowie der Schinkelplatz, auf dem der »zivile« Bereich des preußischen Staatslebens in den Denkmälern für Thaer (1860), Beuth (1861) und Schinkel (1869) seine öffentliche Darstellung erfahren hatte. Nach Westen schloß sich das Forum Fridericianum an, wo mit dem Prinz-Heinrich-Palais (der nachmaligen Universität, 1748/66), der Bibliothek (1775/80), der Oper (1741/43, bzw. 1843/44) und der Hedwigskirche (1747/73) das Königtum sich als Förderer der Wissenschaft, der Kunst und der konfessionellen Toleranz seinen monumentalen Ausdruck gegeben hatte, und wo sich ferner seit 1851 das Reiterbild Friedrichs II. erhob.

Im Schloßbezirk, jenseits des Kupfergrabens und östlich an das Zeughaus anschließend, hatte sich neben dem friderizianischen Forum ein zweiter staatlicher Repräsentationsbereich herausgebildet, in dem das Königtum abermals als Schirmherr der Kunst und der Kirche auftrat. Die historische Residenz, der Dom, das Alte (1822) und das Neue Museum (1843/46) sowie die Nationalgalerie (1866/76) gruppierten sich um den Lustgarten, in dessen Mitte 1871 die Reiterstatue Friedrich Wilhelms III. aufgestellt wurde. Für das Reiterbild Friedrich Wilhelms IV. (1886 enthüllt) schließlich hatte man bereits die Freitreppe der Nationalgalerie als Aufstellungsort in Aussicht genommen.

Faßte man eine »Aktualisierung« des historischen Zeughauses durch programmatische Ausgestaltung ins Auge, so konnte man sich auf mehrere ähnliche Beispiele der Gegenwart und jüngsten Vergangenheit berufen. Erinnert sei hier nur an die seit 1803 zu verfolgenden Bestrebungen, das Deutschordensschloß Marienburg in ein histo-

---

[19] Führer 1914, S. 4. S. a. den Bericht in NAZ vom 21. 3. 1875 sowie in: NPZ vom 25. 3. 1875 (abgedr. im Dokumentenanhang, Nr. 3, 4).

[20] Das zeigt besonders deutlich die Beschreibung des Stadtzentrums durch Carl Seidel, Berlins Architektur in kunstwissenschaftlicher Hinsicht, Berlin 1830, mit dem Anhang: Blüchers Denkmal zu Berlin, Berlin 1830, dort S. 25f.

risch-politisches Monument umzuwandeln; an die 1814 einsetzenden Bemühungen um den Ausbau des Kölner Doms mit dem Ziel, ein gesamtdeutsches Integrationssymbol zu schaffen; und schließlich an die 1875 zuerst als Plan faßbare, dann zwischen 1879 und 1897 verwirklichte Umgestaltung der mittelalterlichen Goslarer Kaiserpfalz in ein Nationaldenkmal des »preußisch-deutschen« Kaiserreichs von 1871.[21]

[21] Zur Marienburg zuletzt: Hartmut Boockmann, Die Marienburg im 19. Jahrhundert, Frankfurt a. M. 1982. Zum Kölner Dom zuletzt: Hugo Borger (Hrsg.), Der Kölner Dom im Jahrhundert seiner Vollendung; Katalog zur Ausstellung der Historischen Museen Köln, Köln 1980. Zur Goslarer Kaiserpfalz: Monika Arndt, Die Goslarer Kaiserpfalz als Nationaldenkmal, Hildesheim 1976. Etwas später als die genannten Beispiele (1880–1892) vollzog sich die Umwandlung der Wittenberger Schloßkirche in ein Denkmal der Reformation; vgl.: M. Arndt, wie oben, S. 74f.

DER UMBAU

Vorbereitende Schritte

Das auslösende Moment für die tatsächliche Umgestaltung des Zeughauses in einen Museums- und Denkmalsbau, der »nicht einer einzelnen Schlacht, *einem* einzelnen Kriege, nur *einem* unserer Könige, oder nur *einem* unserer Feldherrn (gelten sollte), sondern den ganzen Fasces von Ruhm, Ehre, Erfolgen und Tüchtigkeit, welche unsere ›Geschichte ohne Gleichen‹ eingeheimst hat«, war vermutlich ein Aufenthalt Wilhelms I. im Oktober 1873 in Wien aus Anlaß der dortigen Weltausstellung.[22] Bei dieser Gelegenheit dürfte der Kaiser das zwischen 1849 und 1856 errichtete Artillerie-Arsenal besichtigt haben – handelte es sich dabei doch um eine Anlage, die in Folge ihres Umfangs, ihrer architektonischen Qualitäten und ihrer Funktionstüchtigkeit allgemeines Aufsehen erregt hatte.

Der gewaltige Komplex diente mit einer großen Anzahl von Nutzbauten militärischen Zwecken, besaß zum anderen aber auch in Gestalt eines zentral gelegenen, aufwendig ausgestatteten Gebäudes ausgesprochenen Denkmalcharakter. Ein Waffenmuseum, das als Ruhmesstätte der österreichischen Armee verstanden war, vereinigte Säle mit der Hofwaffensammlung sowie den Beständen moderner Waffen und zwei Gedenkhallen: eine »Feldherrnhalle« und eine »Ruhmeshalle« (so lauteten die offiziellen Bezeichnungen!), in denen mit einem ausgedehnten Gemälde- und Skulpturenprogramm die Geschichte und die Leistungen des österreichischen Heeres verherrlicht wurden.

Die Vermutung drängt sich auf, daß diese Denkmalsanlage des habsburgischen Konkurrenten in Wilhelm I. den Wunsch wachrief, in der preußischen Hauptstadt einen ähnlichen, die nationale militärische Stärke feiernden Denkmalbau erstehen zu sehen. Ein geeignetes Gebäude stand zur Verfügung, und die Ereignisse von 1864, 1866 und 1870/71, durch die nun Preußen gegen Österreich zur deutschen Führungsmacht aufgestiegen war, konnten einen solchen Plan in den Augen des Kaisers und der ihm nahestehenden Kreise selbstverständlich rechtfertigen.

Darüber hinaus könnte Wilhelm I. aber auch durch ein ihm sehr vertrautes Nationaldenkmal Frankreichs, des eben besiegten »Erbfeindes«, Anregung erfahren haben: durch das im Versailler Schloß, also dem Ort seiner Ausrufung zum Deutschen Kaiser,

---

[22] Das Zitat aus: NPZ vom 25. 3. 1875; abgedr. im Dokumentenanhang (Nr. 4). – Zum Besuch Wilhelms I. in Wien: IZL 61, 1873, S. 342. – Hermann Granier, Die Aquarell-Sammlung Kaiser Wilhelms I., in: Hohenzollern-Jahrbuch 1912, S. 26. – Zum Arsenal: Eckart Vancsa, Arsenalstraße, in: Österreichische Kunsttopographie Bd. 44. Die Kunstdenkmäler Wiens. Die Profanbauten des III., IV. und V. Bezirks, Wien 1980, S. 3ff. mit weiterführender Literatur.

eingerichtete Musée Historique.[23] Dieses französische Nationalmuseum mit dem Leitsatz »A toutes les gloires de la France« hatte Louis-Philippe zwischen 1833 und 1837 in den Räumen der seit der Revolution leerstehenden, ab 1792 z. T. schon als Museum genutzten Residenz eingerichtet und damit das architektonische Symbol französischer Machtentfaltung und nationaler Größe schlechthin in den Dienst seines Vorhabens gestellt. Ziel des Bürgerkönigs war es gewesen, dem Publikum in einem äußerst umfangreichen Gemälde- und Skulpturenprogramm, verteilt über viele Räume des Schlosses, die glorreiche Geschichte Frankreichs vor Augen zu führen und damit im Interesse seines Regimes die Besinnung auf den nationalen Stolz, über alle herrschenden innenpolitischen Gegensätze hinweg, wachzurufen.

Schon wenige Monate nach seiner Wien-Reise nahm Wilhelm I. das Berliner Denkmals-Projekt in Angriff.[24] Er setzte am 4. Juni 1874 eine Kommission ein, die die Frage zu prüfen hatte, »in welcher Weise und mit welchen Mitteln aus dem Zeughause in Berlin eine Ruhmeshalle für die preußische Armee geschaffen werden könne«.[25] Das Resultat dieser Bemühungen lag bald darauf, im Juli 1874, vor.[26] Das Gremium, zu dem der Baurat Friedrich Hitzig, der Hofrat Louis Schneider (enger Berater und Vorleser Wilhelms I.), George Hiltl (Direktor der Waffensammlung des Prinzen Karl von Preußen), Angehörige des Militärs sowie Beamte des Kriegsministeriums zählten, hatte sich für einen Plan seines Mitglieds Hitzig entschieden.[27] Es folgte damit den Vorstellungen eines inzwischen zu höchsten Ämtern und Ehren aufgestiegenen Architekten, der den staatlichen Behörden »seit langem (als) eine Vertrauensperson (galt), auf deren Rath (man) in wichtigen künstlerischen Fragen nicht verzichten wollte«.[28]

---

[23] Vgl. dazu: Thomas W. Gaehtgens, Versailles als Nationaldenkmal. Die Galerie des Batailles im Musée Historique von Louis-Philippe, Antwerpen 1984.

[24] Für die Rekonstruktion der Geschichte dieser Umwandlung standen leider die überlieferten Akten nicht vollständig zur Verfügung. Ein offenbar größerer Bestand im Museum für Deutsche Geschichte, Berlin, war mir nicht zugänglich. Die Unterlagen, die sich in den Beständen des Kriegsministeriums (ehemals Potsdam) befunden haben müssen, gelten als im letzten Krieg vernichtet. Meine Untersuchung basiert auf den Überlieferungen im ZSTA Dienststelle Merseburg, auf den Beständen im Geheimen Staatsarchiv Stiftung Preußischer Kulturbesitz, auf den Stenographischen Berichten über die Verhandlungen des preußischen Abgeordnetenhauses und des Herrenhauses, auf Artikeln in zeitgenössischen Fachzeitschriften, auf Nachrichten in der Tagespresse sowie auf den amtlichen Führern durch das Zeughaus.

[25] Zit. nach: CdB 1883, S. 93. – Vgl. a.: DBZ 1881, S. 373. – Granier, wie Anm. 22, S. 36. – NPZ vom 17. 6. 1874. – ZSTA Merseburg Rep. 77, tit 151 Nr. 15, Bd. 7, Bl. 217.

[26] ZSTA Merseburg Rep. 77, tit 151 Nr. 15, Bd. 8, Bl. 121 ff.

[27] Die Mitglieder genannt bei Granier, wie Anm. 22, S. 36. – CdB 1883, S. 93. – DBZ 1881, S. 373. Zwei zeitgenössischen Mitteilungen zufolge soll die Idee der Ausgestaltung von Louis Schneider stammen, der wie Wilhelm I. an allen Fragen des Militärwesens ein ausgesprochenes Interesse zeigte: L. Pietsch, in: Gartenlaube 1881, S. 244. – F. Frhr. v. Dincklage, wie Anm. 18, S. 65 (zu Schneider vgl. Allgemeine Deutsche Biographie 32, Neudruck Berlin 1971, S. 134 ff. – Der Bär 1879, S. 188 ff. – IZL 72, 1879, S. 29 f. – Vgl. a. die Erinnerungen Schneiders: Aus dem Leben Kaiser Wilhelms, bes. Bd. 1, S. 311; Bd. 3, S. 245; Berlin 1888).

[28] Das Zitat aus: CdB 1881, S. 253. – Zu Hitzig vgl. vor allem: Eva Börsch-Supan, Berliner Baukunst nach Schinkel 1840–1870 (= Studien zur Kunst des 19. Jahrhunderts Bd. 25), München 1977, S. 589 ff. – Der Bär 7, 1881, S. 330 f. – WAI 3, 1881, S. 507 f.

Zahlreiche Entwürfe zu Schloß- und Villenbauten im In- und Ausland begründeten Hitzigs hervorragenden Ruf; in Berlin selbst gingen mehrere Monumentalbauten, zu denen die Börse (1859/64), die Markthalle am Schiffbauerdamm (1865/68), die Reichsbank (1869/76) und das Haus der Reichenheim-Stiftung (1870/71) gehörten, auf ihn zurück.

Hitzig war von der rasch gewonnenen Überzeugung der Kommissionsmitglieder ausgegangen, daß durch ein bloßes Umräumen und Neuordnen der Zeughaus-Bestände das vom Kaiser genannte Ziel nicht erreicht werden könne. Man müsse vielmehr einen Umbau des Gebäudes vornehmen, »nicht allein um für die Aufstellung der Waffen würdig ausgestattete Räume zu gewinnen, sondern vor allem, um eine Gedenkhalle zu schaffen, in welcher die Geschichte der preußischen Armee, die nun nach den ruhmvollen Siegen in Frankreich, nach der Begründung des Deutschen Reiches, ihren Abschluß gefunden, durch Werke der Kunst zur lebendigen Anschauung gebracht und das Andenken an die großen Thaten, durch welche Preußen sich im Laufe der Jahrhunderte die Führerschaft in Deutschland gewonnen, in Standbildern seiner Herrscher und Kriegshelden verherrlicht werden möchte«.[29]

Am 26. September 1874 präsentierte die Kommission dem Kaiser bei einer Besichtigung des Zeughauses die fertigen, nicht mehr nachweisbaren Entwürfe; sie fanden seine Zustimmung und blieben tatsächlich die Grundlage für die Ausführung.[30] Im wesentlichen war an folgende Maßnahmen gedacht: im Erdgeschoß sollten ein Ingenieur- und ein Artillerie-Museum eingerichtet werden; den Innenhof wollte man überdachen und dort eine ins Obergeschoß führende Freitreppe einbauen; der Nordflügel des ersten Stockwerks war dazu bestimmt, eine »Herrscherhalle« und zwei flankierende »Feldherrnhallen« aufzunehmen, während in den drei anderen Flügeln dieses Geschosses weitere Sammlungen von Fahnen, Waffen, Uniformen und Trophäen gezeigt werden sollten.[31]

Auch im Hinblick auf die programmatische Ausgestaltung der drei Ehrenhallen hatte man bereits recht genaue Vorstellungen: im Frühjahr 1875, also im Anfangsstadium der Planungen, berichteten die »Dioskuren« in diesem Zusammenhang von Standbildern der preußischen Regenten, von Büsten preußischer Generäle und von Darstellungen aus der preußischen Kriegsgeschichte.[32]

Wilhelm I. hatte das Unternehmen nicht bloß initiiert, sondern beobachtete auch dessen Verlauf mit außerordentlichem Interesse. Er war es offenbar selbst, der die Anzahl und Auswahl der Herrscherstatuen und Feldherrnbüsten festlegte und die Themen für die Wandmalereien bestimmte.[33] Er besuchte die Ateliers der Bildhauer, ließ sich die Skizzen zu den Gemälden vorlegen und überprüfte – immer wieder mit

---

[29] CdB 1883, S. 93.

[30] Dieses Ereignis ist auf zwei Blättern (von Emil Doepler d. J.) der Aquarell-Sammlung Wilhelms I. dargestellt: Granier, wie Anm. 22, Abb. nach S. 36. – Vgl. a. die kurze Notiz in NPZ vom 29. 9. 1874.

[31] ZSTA Merseburg Rep. 77, tit 151 Nr. 15, Bd. 8, Bl. 49, 121 ff. – Vgl. a.: Granier, wie Anm. 22, S. 37.

[32] Dioskuren 20, 1875, S. 96. – S. a.: NAZ vom 21. 3. 1875, und: ZSTA Merseburg Rep. 77, tit 151 Nr. 15, Bd. 8, Bl. 121 ff.

[33] Das ergibt sich aus: ZSTA Merseburg Rep. 77, tit 151 Nr. 15, Bd. 8, Bl. 121 ff.

neuen Anordnungen eingreifend – deren Ausführung an Ort und Stelle. Ja, er forderte, daß Einzelnes nach seinen »persönlichen Angaben und Dispositionen« gemalt werde[34]: für die Gestaltung geplanter hoher Eisengitter wies er auf Beispiele in Würzburg und Nancy als Vorbilder hin; als er von der Absicht hörte, daß seine Statue größer werden und aus kostbarerem Material bestehen sollte als die übrigen Herrscherstandbilder, verweigerte er die Zustimmung.[35]

Die Verhandlungen im Abgeordnetenhaus

Mit den in der Ordre vom 22. März 1875 (dem Geburtstag Wilhelms I.) ausgesprochenen Worten: »Es ist Mein Wunsch, daß der Plan, das Zeughaus in eine Ruhmeshalle für die Preußische Armee umzuwandeln, einer näheren Erwägung unterzogen wird«, setzte die offizielle Geschichte dieses Denkmalsprojekts ein.[36] Beabsichtigt war ein ausschließlich preußisches Unternehmen, an dem das Reich nicht beteiligt werden sollte: ein Gedanke, der in den vom König angeforderten Stellungnahmen des preußischen Kriegsministers (6. 4. 75), des Finanzministers (11. 5. 75), des Kultusministers (16. 6. 75) und des Handelsministers übereinstimmend befürwortet wurde.[37]

Ein zu Anfang des Jahres 1876 ausgearbeiteter, auf den Planungen Hitzigs beruhender Kostenvoranschlag belief sich auf einen Betrag von genau 6 Millionen Mark, der dem Anteil Preußens an den Kriegsentschädigungsgeldern entnommen werden sollte.[38] Am 20. April 1876 erteilte Wilhelm I. daraufhin den Finanz-, Kultus-, Kriegs- und Handelsministern die Weisung, dem Abgeordnetenhaus und dem Herrenhaus einen gemeinsam zu unterzeichnenden Gesetzentwurf – betreffend die »Umwandlung des Zeughauses zu Berlin in eine Ruhmeshalle für die Preußische Armee und für die Preußische Nation, aus der die Armee hervorgeht« – zur Verhandlung vorzulegen.[39]

Dieser Entwurf ging den Abgeordneten am 2. Mai 1876 zu.[40] Ihm war eine Denkschrift beigefügt, die zwar die geplanten Umbauarbeiten (Anlage der Freitreppe, Bau einer Kuppel im Nordflügel, Überdachung des Innenhofes) nannte, auch einen Kostenüberschlag sowie umfangreiche, für die Politiker allerdings kaum verständliche

---

[34] KfA 2, 1887, S. 121. S. a.: ZfbK 18, 1883, Kchr. Sp. 533, 579; ebda 22, 1887, Kchr. Sp. 334; ebda 23, 1888, Kchr. Sp. 214; ebda NF 7, 1895/6, S. 18. – Werner, Erlebnisse, S. 357. – Holsten, S. 39.

[35] Granier, wie Anm. 22, S. 37.

[36] Abschrift des Erlasses: ZSTA Merseburg Rep. 77, tit 151 Nr. 15, Bd. 7, Bl. 217 (abgedr. im Dokumentenanhang, Nr. 2). – Vgl. a.: IZL 1875, S. 334.

[37] ZSTA Merseburg Rep. 77, tit 151 Nr. 15, Bd. 7, Bl. 215f., 217, 272f., 275f.

[38] ZSTA Merseburg Rep. 77, tit 151 Nr. 15, Bd. 8, Bl. 82f., 87. Hierin waren die Kosten für die Bauarbeiten (2 700 000 M), für die künstlerische Ausgestaltung 2 755 000 M), für Mobiliar (145 000 M) sowie für eine dem Reich zu zahlende Abstandssumme von 400 000 M enthalten (die Reichsmilitärverwaltung hatte bis dahin ein Mitbenutzungsrecht am Zeughaus): vgl. die Kostenaufstellung in: Anlagen St. Ber. A, 12. Leg.-Per., 3. Session 1876, 2. Bd., Berlin 1876, S. 1254f. (Dokumentenanhang Nr. 5).

[39] ZSTA Merseburg Rep. 77, tit 151 Nr. 15, Bd. 8, Bl. 120ff.

[40] Anlagen St. Ber. A, 12. Leg.-Per., 3. Session 1876, Drucksache Nr. 186, 2. Bd., Berlin 1876, S. 1251ff. (auszugsweise abgedr. im Dokumentenanhang, Nr. 5).

Konstruktionsberechnungen enthielt, – sich aber nicht auf das in diesem Augenblick Wichtigste: auf eine plausible Begründung des Vorhabens, einließ. Das Papier beschränkte sich in diesem Punkt vielmehr auf die lapidare Bemerkung, daß die »denkwürdigen Ereignisse der letzten Jahre« den Anlaß zu der Planung geboten hätten.[41]

Im Hinblick auf die Ausgestaltung der Ehrenhallen wies man auf die beabsichtigte Aufstellung von Standbildern preußischer Regenten und die Ausmalung der Wandflächen hin, teilte den Abgeordneten hierzu jedoch keine näheren Einzelheiten mit. »Die Bestimmung über die Zahl der Statuen«, so mußten sie vielmehr zur Kenntnis nehmen, über »die Auswahl der Persönlichkeiten sowie des Gegenstandes, welchen die einzelnen Gemälde behandeln sollen, endlich darüber, ob der Raum für diese Halle ausreichend oder noch weiter auszudehnen sein wird, wird der Allerhöchsten Entscheidung anheimzugeben sein«.[42]

Der Gesetzentwurf gelangte am 15. Mai 1876 zur Verhandlung. Daß seine ungeschickte Form der Grund für die wenig freundliche Aufnahme durch die Abgeordneten war, wurde seinerzeit vermutet.[43] Nachweislich sind es aber wesentlich auch politische Bedenken gewesen, die einer sofortigen Annahme des Gesetzentwurfs entgegenstanden.

Schon zu Beginn der Debatte kündigte der Abgeordnete Eduard Windthorst im Namen seiner politischen Freunde, der Fortschrittspartei, eine Ablehnung der Vorlage an. Er begründete sie mit der Behauptung, Preußen werde sich mit der Errichtung der »Ruhmeshalle« dem Vorwurf des Partikularismus aussetzen. Die Leistungen der preußischen Armee seien bereits in vielen Denkmälern gebührend gefeiert worden – das schönste Denkmal dieses Heeres und seiner Taten sei jedoch die »Errichtung des Deutschen Reiches selbst, welches fest und unerschütterlich ruhen soll auf dem einen, mächtigen Kaiserthum, auf der einheitlichen Heeresorganisation, auf dem Parlamente und auf der einheitlichen Gesetzgebung...«. Hieran dürfe nicht gerüttelt werden; Preußen müsse jeden Verdacht meiden, es könne sich diesem mühsam errungenen Einheitsgedanken nicht unterordnen. »Was soll man aber dazu sagen, wenn jetzt uns eine Vorlage gebracht wird, die fünf Jahre nach der Errichtung des Deutschen Kaiserreichs, fünf Jahre, nachdem die Deutsche Nation zum ersten Male sich wieder zusammengefaßt hat, sich ihrer Größe wieder bewußt geworden ist, von einer *Preußischen Nation* spricht, die, wenn sie jemals existiert hätte, jetzt jedenfalls verschwunden sein würde, wenn (man) fünf Jahre nach der Zeit, als die Deutschen Heere aus allen Staaten unseres Vaterlandes gemeinschaftlich auf den Französischen Schlachtfeldern gekämpft, geblutet und gesiegt haben, jetzt wieder in der Hauptstadt des Deutschen Reiches, in der Hauptstadt des ersten Staates Deutschland eine Ruhmeshalle, ein Ehrenzeichen errichten will für eine Preußische Armee, die wir als existierend nicht mehr anerkennen können?« Ließen sich in gewöhnlichen Zeiten solche Beden-

[41] Wie Anm. 40, S. 1252.

[42] Wie Anm. 40, S. 1253.

[43] DBZ 1876, S. 207. – Das Zitat: DBZ 1877, S. 74. Vgl. a.: DBZ 1881, S. 373. Zur Debatte der Abgeordneten s. a.: NPZ vom 16. 5. 1876.

ken vielleicht noch beiseite schieben, so lege gegenwärtig, zur Zeit großer wirtschaftlicher Not, eine Geldforderung in der genannten Höhe – »blos um ein äußeres Zeichen kriegerischen Ruhms zu errichten« – den Verdacht »partikularistischer Anwandlungen« nahe.[44]

Ebenfalls »schwere Bedenken« gegen die geplante Ruhmeshalle wurden von Seiten des Zentrums durch Ernst Ludwig v. Gerlach erhoben. Auch er plädierte für eine Ablehnung der Vorlage. Zur Begründung erinnerte er an die »von Preußen zuletzt geführten drei Kriege (von 1864, 1866, 1870/71), an die man doch besonders denkt bei der Ruhmeshalle«. Die Folgen dieser Schlachten sei die Annexion einer Reihe von deutschen Staaten gewesen, ein Vorgang, der »sehr schmerzliche Gefühle in einem sehr großen Theile von Deutschland, ja, in einem bedeutenden Theile dieses Hauses« hinterlassen hätte. Wenig später habe dasselbe Preußen – jedenfalls in der Person Bismarcks – den Kulturkampf begonnen, »der gegenwärtig Deutschland auf die allerschmerzlichste Weise zerreißt«.[45] Unter diesen Umständen sei es besser, wenn man nicht »mit dem Preußischen Ruhme oder auch nur mit dem Ruhm der Preußischen Armee in solcher auffallenden Weise« hervortrete. Man solle vielmehr warten, bis die alten Wunden vernarbt seien – dann werde man immer noch Zeit haben, dieses Ruhmesmal zu bauen. »Gegenwärtig haben wir mehr Ursache..., uns zu demüthigen, als uns zu rühmen.«[46]

Waren es bei Eduard Windthorst und v. Gerlach grundsätzliche politische Vorbehalte, die sie zu einer ablehnenden Haltung bewogen, so hielten Bedenken finanzieller Art den Zentrums-Politiker Ludwig Windhorst von einer sofortigen Zustimmung ab.[47]

Als einer der Unterzeichner der Vorlage nahm Kriegsminister v. Kameke zu den Einwendungen Stellung. Zunächst verwahrte er sich gegen den Vorwurf des Partikularismus und wies darauf hin, daß es eine zu feiernde Geschichte des Deutschen Heeres ja noch gar nicht gebe, daß es aber wohl das Preußische Heer gewesen sei, »welches seit langen Jahren sich entwickelt und Thaten gethan hat, die eben dahin geführt haben, daß das Deutsche Reich hat errichtet werden können«. Dann aber reagierte er auf die kritische Bemerkung E. Windthorsts, der Gesetzentwurf gebe »nicht die geringste Auskunft über die Nothwendigkeit oder Zweckmäßigkeit der gestellten Forderungen«, mit einer ausführlichen, jedoch allein die musealen Aspekte betonenden Erläuterung des Projekts. Mit einer nachgeschobenen Begründung versuchte er, das bislang Versäumte nachzuholen.

Da es sich hierbei um die erste faßbare offizielle Stellungnahme handelt, seien im folgenden einige Sätze daraus zitiert: »Diese sogenannte Ruhmeshalle hat die Absicht,

---

[44] St. Ber. A, 12. Leg.-Per., 3. Session 1876, 35. Sitzung am 15. Mai 1876, 2. Bd., Berlin 1876, S. 1416.

[45] Zu den Auswirkungen des Kulturkampfes im Bereich der Kunst vgl. M. Arndt, wie Anm. 21, S. 31ff., sowie Monika und Karl Arndt, Das Bernwards-Denkmal in Hildesheim, in: Niederdeutsche Beiträge zur Kunstgeschichte Bd. 19, 1980, S. 217ff.

[46] Wie Anm. 44, S. 1418.

[47] Wie Anm. 44, S. 1417.

zunächst dasjenige, was die Armee seit ihrem Entstehen geleistet hat, Allen, auch den Nichtgelehrten zur Anschauung zu bringen, sie soll die Armee in den verschiedenen Epochen, in ihren Bewaffnungen, in ihren Einrichtungen darstellen, sie soll die gesammelten Trophäen ordnen und sie würdig und verständnisvoll aufstellen. Dies ist ein Gedanke, meine Herren, den Sie in allen anderen Staaten bereits verwirklicht sehen. Sie finden in allen Hauptstädten größerer Nationen derartige Hallen, wenn sie auch nicht immer Ruhmeshallen genannt sind. Dadurch wird zunächst ein berechtigtes vaterländisches Selbstgefühl erweckt. Die vaterländische Geschichte wird mehr Gemeingut. Die Thaten unserer Fürsten und hervorragenden Männer werden in der Erinnerung wach gehalten, und auch die Anstrengungen, die das Volk selbst gemacht hat, sei es in zäher Ausdauer, sei es im kräftigen Vorgehen, kommen zum Ausdruck und zur Anerkennung. Wenn die Herren es partikularistisch nennen, daß wir das jetzt für Preußen schaffen wollen, so möchte ich Sie erinnern, daß unsere mitdeutschen Armeen, die Sachsen, die Baiern und sogar die kleinen Staaten, deren Armeen jetzt in die Preußische einverleibt sind, derartige historische Sammlungen bereits besitzen.« Darüber hinaus dürfe man auch den wissenschaftlichen Wert einer angemessenen Ordnung und Bewahrung der historischen Waffenbestände nicht außer Betracht lassen.[48]

Lebhafte Unterstützung fand der Kriegsminister zwar durch den Abgeordneten Busso v. Bismarck (Neukonservative Partei), doch sollte seinem Votum kein unmittelbarer Erfolg beschieden sein. Der Nationalliberale Robert v. Benda sprach wohl nicht nur in seinem und seiner Partei Namen, wenn er darauf hinwies, daß man die Motive der Regierungsvorlage überhaupt nicht kenne. Sie stünden noch aus und blieben zu erörtern; er halte es daher für richtig, den Gesetz-Entwurf zunächst in der Budget-Kommission beraten zu lassen. Diesem Vorschlag, der schon zuvor von Ludwig Windthorst (Zentrum) geäußert worden war, folgte die Mehrheit der Abgeordneten.[49]

Der Verlauf der Diskussion hatte Wilhelm I. und den zuständigen Ministerien deutlich vor Augen geführt, daß ihre Hoffnung, ohne Weiteres die Zustimmung des Abgeordnetenhauses zu erreichen, nicht berechtigt gewesen war. Man entschloß sich daher, eine revidierte Fassung des Gesetzentwurfs vorzulegen, ohne die Ergebnisse der Kommissionsberatungen abzuwarten. Diese neue Vorlage war bis zum 16. 12. 1876 von den vier mit der Angelegenheit schon betraut gewesenen Ministerien ausgearbeitet worden.[50] Wenig später, am 9. 1. 1877, ging sie auf Befehl des Königs dem Abgeordnetenhaus zu und gelangte dort in drei Lesungen (am 20. 1., 6. 2. und 8. 2. 1877) zur Verhandlung.[51]

---

[48] Wie Anm. 44, S. 1416f.

[49] Wie Anm. 44, S. 1418. Der Bericht der Budgetkommission in: Anlagen St. Ber. A, 13. Leg.-Per., 1. Session 1877, Drucksache Nr. 70, Bd. 1, Berlin 1877, S. 411ff.

[50] ZSTA Merseburg Rep. 77, tit 151 Nr. 15, Bd. 9, Bl. 2ff.

[51] ZSTA Merseburg Rep. 77, tit 151 Nr. 15, Bd. 9, Bl. 14ff. Der neue Entwurf: Anlagen St. Ber. A, 13. Leg.-Per., 1. Session 1877, Drucksache Nr. 13, Bd. 1, Berlin 1877, S. 45ff. (auszugsweise abgedr. im Dokumentenanhang, Nr. 6).

Welche Änderungen hatte man vorgenommen? Zunächst fehlte im Titel des Entwurfs das Wort »Ruhmeshalle«; es war vielmehr neutral von einer »anderweiten Einrichtung des Zeughauses« die Rede – womit man (in einer Äußerlichkeit) auf die von dem Abgeordneten v. Gerlach vorgebrachte Kritik Rücksicht genommen hatte.[52]

Von größerer Bedeutung als diese Retusche war aber selbstverständlich der Entschluß, durch eine rigorose Kostenreduzierung die geäußerten finanziellen Bedenken zu entkräften. Man hielt zwar im Hinblick auf die beabsichtigten Bau-Maßnahmen in jedem Punkt an der Konzeption Hitzigs fest, machte jedoch bei der künstlerischen Ausgestaltung des Gebäudes bedeutende Abstriche: so wurde z. B. auf die Aufstellung ganzfiguriger Porträts der Feldherrn verzichtet und stattdessen eine Darstellung in Büstenform gewählt. Weitere Einschränkungen in anderen Bereichen führten insgesamt zu einem Kostenvoranschlag von »nur« noch 4 330 000 Mark.

Im Hinblick auf die gemachten Erfahrungen hatte man nun auch auf eine ausführliche Rechtfertigung des Unternehmens Wert gelegt: »Das vom Deutschen Volke so lange ersehnte und erstrebte Ziel, Deutschlands Einigung, ist nach schweren Kämpfen erreicht. Nicht mehr allein steht Preußens Armee, vereint mit ihr wacht Deutschlands Heer über die Sicherheit des Vaterlandes. Für die Geschichte der Preußischen Armee beginnt jetzt ein neuer Abschnitt: die gemeinsame Geschichte des Deutschen Heeres. Mit berechtigtem Stolze kann die Preußische Armee – und mit ihr das Preußische Volk, aus dem sie hervorgegangen – zurückblicken auf ihre Vergangenheit, deren Geschichte in gewissem Sinne nur ihren Abschluß gefunden hat.

Denn Großes ist in den letzten Jahrhunderten geschaffen worden. Immer von Neuem haben Volk und Armee gewetteifert in den Beweisen eines seltenen Muthes, opferwilliger Hingabe und Treue. Berechtigt ist da wohl der Wunsch, das Andenken an diese Thaten bei den kommenden Geschlechtern wach zu erhalten und ihnen diese nicht blos in den Geschichtsbüchern zu überliefern, sondern auch zur lebendigen Anschauung zu bringen durch Sammlung aller Gegenstände, welche auf die Entwicklung des Brandenburgisch-Preußischen Kriegswesens Bezug haben, und der Trophäen Preußischen Kriegsruhms.

Die meisten Nationen Europas haben einen ähnlichen Gedanken bereits verwirklicht. Anstalten wie der Tower in London, das Musée d'Artillerie in Paris, das Arsenal in Wien, das Artillerie- und Intendantur-Museum in St. Petersburg, die Armeria in Madrid, geben davon Zeugnis. Selbst in den einzelnen Kantonen der Schweiz, wie in Bern, Basel, Luzern usw., findet man die Entwicklungsgeschichte der Bewaffnung seit der Unabhängigkeit der Schweiz dargestellt.

Auch einzelne Staaten in unserem Deutschen Vaterlande haben es sich angelegen sein lassen, Alles auf das Kriegswesen Bezügliche in Sammlungen zu vereinen; so zeichnet sich das Nationalmuseum in München durch seine wissenschaftliche und sachgemäße Anordnung, die Waffensammlung in Dresden durch ihre Reichhaltigkeit aus. Kleinere, die einzelnen Länder betreffende Sammlungen finden sich ferner in

---

52 S. a.: DBZ 1877, S. 74, und die entsprechende Äußerung im Bericht der Budgetkommission, wie Anm. 49, S. 412.

Darmstadt, Coburg, auf der Wartburg bei Eisenach, in Altenburg, Greiz und anderen Orten. In Preußen sind außer einer kleinen, aber recht werthvollen Waffensammlung im hiesigen Zeughause und vielen, im Besitz von Mitgliedern des Königlichen Hauses befindlichen Stücken Gegenstände, wie sie hier in Betracht kommen, mehr als man ahnt, im ganzen Lande verstreut, theils im Besitz von Privaten, theils in dem von Korporationen, Städten, Kirchen etc. Diese historischen Andenken zu sammeln, ihre Erhaltung durch sorgsame Obhut zu sichern und geschichtlich geordnet der Nation zugänglich zu machen, soll Aufgabe eines neu zu schaffenden Instituts sein.«[53]

Diese Begründung des neuen Gesetzentwurfs läßt deutlich genug ein Eingehen des Staates auf die politischen und wirtschaftlichen Vorbehalte der Abgeordneten erkennen. Zunächst begegnete man dem seinerzeit geäußerten Vorwurf des Partikularismus mit dem Hinweis auf viele in- und ausländische Parallelen und versuchte auf diese Weise, das preußische Unternehmen als eine Selbstverständlichkeit erscheinen zu lassen. Daß die museale Funktion dieses »neu zu schaffenden Instituts« – wie es so unverfänglich hieß – betont in den Vordergrund gestellt, sein Denkmalscharakter dagegen zunächst überhaupt nicht erwähnt wurde, wirkt wie ein Ablenkungsmanöver und geschah zweifellos aus Vorsicht solchen politischen Einstellungen gegenüber, wie sie der Zentrumspolitiker v. Gerlach vertreten hatte. Erst unter dem Stichwort »Künstlerische Ausstattung der inneren Räume des Zeughauses« wurden die »Herrscherhalle« und die »Feldherrnhallen« – die doch das eigentliche inhaltliche Zentrum des Denkmalsbaus bilden sollten – genannt. Bezeichnenderweise fielen dabei diese Namen jedoch nicht. Überhaupt wurde von der programmatischen Ausgestaltung insgesamt nur mit dürren Worten gesprochen, eine konkrete, Widerspruch herausfordernde Vorstellung also offenbar bewußt vermieden.

Wie nicht anders zu erwarten, fand das im Grundsätzlichen unverändert gebliebene Denkmalsprojekt auch in den drei Lesungen am 20. 1., 6. und 8. 2. 1877 sowie in den beiden Beratungen der Budgetkommission, an die der neue Entwurf nach der ersten Verhandlung überwiesen worden war, nicht nur positive Aufnahme.[54] Während Vertreter der Nationalliberalen Partei (W. Wehrenpfennig, R. Benda, K. G. Göttig), der Neukonservativen (G. v. Köller) und Freikonservativen Partei (R. Stengel), aber auch des Fortschritts (R. Virchow, E. Windthorst) die neue Regierungsvorlage ohne Einschränkungen befürworteten, wurde von Mitgliedern des oppositionellen Zentrums heftiger Widerspruch geäußert (von E. L. v. Gerlach, G. Biesenbach, L. Windhorst, P. J. Roeckerath, L. A. Brüel, J. Bachem und J. C. Nayhauß-Cormons). Ihre aus Kulturkampf und welfischer Gesinnung erwachsenen Argumente entsprachen im wesentlichen denen, die in der Debatte vom Mai 1876 vorgebracht worden waren.

---

[53] Wie Anm. 51, S. 46 (vgl. Dokumentenanhang, Nr. 6).

[54] Zu den drei Verhandlungen des Plenums: St. Ber. A, 13. Leg.-Per., 1. Session 1877, Bd. 1, S. 55–61, 276–291, 337–343. – NPZ vom 23. 1., 7. 2. und 9. 2. 1877. Der Bericht der Budgetkommission, wie in Anm. 49, S. 411 ff. – ZSTA Merseburg Rep. 77, tit 151 Nr. 15, Bd. 9, Bl. 20–24.

So hörte man, daß das Land sich gegenwärtig »mitten in einer Religionsverfolgung (befände), – und zwar von einer in Preußen unerhörten Art, – einer Verfolgung, die einen schlimmen Riß durch das ganze Vaterland, durch das Preußische sowohl wie durch das Deutsche Vaterland, gemacht hat, einen Riß, der so tief und so schmerzlich seit dritthalb Jahrhunderten in Deutschland nicht vorgekommen ist.« Wäre statt einer »Stimmung nationalen Rühmens« diejenige »nationaler Trauer und nationaler Buße« nicht besser angebracht?[55]

Ferner hieß es, daß man sich so bald nach den schmerzlichen Ereignissen von 1866 keineswegs in der Lage sehe, »für eine Siegessäule zu stimmen über Siege, die über uns erfochten sind«, und sich niemals damit einverstanden erklären könne, »einen Ruhmestempel (zu) bauen für die Trophäen, die man uns (Hannoveranern) abgenommen hat«.[56]

Schließlich wurden mit Blick auf aktuelle wirtschaftliche Probleme wiederum finanzielle Gründe gegen die Annahme des Gesetzentwurfs zum gegenwärtigen Zeitpunkt geltend gemacht. Es seien bessere Zeiten abzuwarten, denn »so lange noch ein Arbeiter hungert, – und es hungern jetzt viele –, werde (man) keinen Groschen zu Luxusausgaben verwenden, und eine Luxusausgabe ist die hier von uns verlangte«.[57]

Alle diese kritischen Stimmen wurden jedoch von den Befürwortungen überwogen: am 8. 2. 77 nahm das Plenum die Vorlage in dritter Lesung mehrheitlich an. Die Zustimmung des Herrenhauses erfolgte bald darauf am 22. 2. 77, so daß der Entwurf am 17. 3. desselben Jahres Gesetzeskraft erhielt.[58]

Die Durchführung des Umbaues

Zur Durchführung des Gesetzes wurde ein Gremium berufen, das aus je einem Vertreter des Kriegs-, Kultus-, Handels- und Finanzministeriums bestand. Diese Kommission übertrug am 5. 7. 1877 dem Architekten Friedrich Hitzig als dem künstlerischen Urheber des Planes »die technische und geschäftliche Leitung« des Umbaues sowie die »Mitwirkung bei der künstlerischen Ausstattung der inneren Räume des Zeughauses«.[59]

---

[55] So E. L. v. Gerlach am 20. 1. 77: St. Ber. A, 13. Leg.-Per., 1. Session 1877, Bd. 1, S. 55. Ähnlich J. Bachem am 6. 2. 77: ebda, S. 282f.

[56] So L. Windthorst am 6. 2. 77: wie Anm. 54, S. 281. In diesem Sinne auch L. A. Brüel am 6. 2. 77, wie Anm. 54, S. 276f. und Graf Nayhauß-Cormons am 8. 2. 77, wie Anm. 54, S. 341.

[57] L. Windthorst am 20. 1. 77: St. Ber. A, wie Anm. 54, S. 61. Vgl. a.: G. Biesenbach am 20. 1. 77: St. Ber. A, wie Anm. 54, S. 58.

[58] St. Ber. H, Session 1877, 1. Bd., Berlin 1877, S. 53, 111ff. – GSTA Berlin Rep. 138 Nr. 45, Bl. 1, 2.

[59] GSTA Berlin Rep. 138 Nr. 45, Bl. 1f. Das Kriegsministerium wurde vom Oberst u. Abteilungschef Rautenberg, das Kultusministerium vom Geh. Rat Dr. Schoene, das Finanzministerium von Geh. Finanzrat Grandke und das Handelsministerium vom Geh. Oberbaurat Hermann vertreten. Vgl. a.: DBZ 1881, S. 373. – CdB 1883, S. 94. – Der Vertrag mit Hitzig: GSTA Berlin Rep. 138 Nr. 45, Bl. 3–5. Vgl. a.: ZSTA Merseburg Rep. 77, tit 151 Nr. 15, Bd. 9, Bl. 153ff.

Im August 1877 konnte Hitzig die Bauarbeiten (über deren Fortgang im Einzelnen hier nicht berichtet werden soll) in Angriff nehmen; Ende 1880 hatte er sie abgeschlossen.[60] Ohne besondere Feierlichkeiten wurde das Zeughaus in seiner neuen Gestalt am 8. 11. 1883 für das Publikum eröffnet, zunächst allerdings nur mit den Museumsräumen, da die Ausgestaltung der Ehrenhallen noch nicht vollendet war.[61] Erst 1891 konnten schließlich auch diese Arbeiten beendet werden.[62]

Im Hinblick auf die künstlerische Ausstattung des Zeughauses hatte schon die Regierungsvorlage von einer Auftragserteilung an »Meister der vaterländischen Kunst« gesprochen. Daß dabei nicht an das Deutsche Reich, sondern an die Maler und Bildhauer Preußens gedacht war, ergibt sich aus einer Übersicht über die schließlich zur Ausführung herangezogenen Künstler. Für den Bereich der Skulptur lag der Schwerpunkt eindeutig in Berlin: 29 der 30 Bildhauer besaßen ihre Ateliers in der Landes- und Reichshauptstadt! Zu ihnen zählten als inzwischen bereits anerkannte Künstler Reinhold Begas, Fritz Schaper und Erdmann Encke, Emil Hundrieser, Rudolf Siemering und Alexander Calandrelli.

Für die Malerei dagegen spielte nicht zufällig Düsseldorf die größte Rolle: von den zwölf mit Wandgemälden betrauten Künstlern gehörten zum Zeitpunkt der Auftragserteilung sieben (W. Camphausen, P. Janssen, W. Simmler, H. Knackfuß, E. und F. Roeber, E. Hünten) der dortigen Malerschule an, die im Bereich der historischen Monumentalmalerei einen außerordentlichen Ruhm genoß.[63]

Das Verfahren der Auftragserteilung war offensichtlich nicht einheitlich festgelegt worden. Wir wissen, daß man in einigen Fällen die Bestellungen von vorhergehenden Einzel-Konkurrenzen abhängig gemacht hatte, wobei der sog. »Landeskunstkommission« eine bedeutende Rolle zugefallen war. Ihr oblag nicht nur die Entscheidung über die Wettbewerbe um die zunächst sieben Regentenstandbilder und die Viktoria-Statue; man hatte ihren Rat auch im Hinblick auf die Maler erbeten, denen die Historienbilder in den Ehrenhallen übertragen werden sollten.[64] Damit war eine staatliche Institution eingeschaltet worden, die aufgrund ihrer weitreichenden Funk-

---

[60] Zu den Bauarbeiten s.: DBZ 1881, S. 373ff., 383ff., 395ff., 427ff. – CdB 1883, S. 93ff., 101ff., 116ff. – NPZ vom 12. 1. 1881. – NAZ vom 11. 1. 83 (Morgenausgabe). Ein Fußbodenmosaik im südlichen Flügel des Obergeschosses nannte als Daten »Erbaut 1695–1738. Umgebaut 1877–1880«: Führer 1887, S. 21.

[61] Berichte über die Eröffnung in: NPZ vom 6. 11. 83. – NAZ vom 3. 11. 83 (Abendausgabe), 6. 11. 83, sowie deren Sonntagsbeilagen vom 11. und 18. 11. 83. – National-Zeitung vom 4. 11. 83, 1. Beiblatt, sowie vom 9. 11. 83, 1. Beiblatt. – Germania vom 4. und 8. 11. 83. – Vossische Zeitung vom 8. und 9. 11. 83 (Morgenausgabe) sowie deren 1. Beilage vom 3. 11. 83.

[62] Zur endgültigen Fertigstellung: Wiener Bauindustrie-Zeitung 7, 1890, S. 337, sowie 8, 1891, S. 311f. – Hitzig sollte die Fertigstellung seines Werkes nicht mehr erleben; er starb am 11. 10. 1881. Seine Nachfolge in der Bauleitung trat Reinhold Persius an: CdB 33, 1913, S. 35. – Vgl. a.: GSTA Berlin Rep. 138 Nr. 48, Bl. 99. Reinhold Persius (1835–1913), Sohn von Ludwig Persius, lebte zu diesem Zeitpunkt als vielbeschäftigter Hofbaurat in Berlin. Vgl. den Nachruf in: Die Bauwelt 4, 1913, S. 23.

[63] Markowitz, S. 65f.

[64] JdpK 1, 1880, S. XVII; ebda 2, 1881, Sp. XVIII, XXII. – CdB 1883, S. 117. – ZfbK 15, 1880, Kchr. Sp. 562.

tionen den Charakter der preußischen Kunstpflege jener Jahre stark in konservativem Sinne und mit fast ausschließlicher Betonung des »Vaterländischen« prägen konnte.[65]

Bemerkenswert erscheint die Regelung, die im Hinblick auf einen wesentlichen Teil des skulpturalen Programms getroffen worden war. Einem noch von Friedrich Hitzig stammendem Plan folgend, wurde 1883 die Ausarbeitung der 32 Feldherrnbüsten an 20 verschiedene Künstler vergeben. Um trotz der Vielzahl der beteiligten Bildhauer nicht auf eine einheitliche Wirkung verzichten zu müssen, beauftragte man Reinhold Begas, außer dem Guß-Modell für die Büste des Kronprinzen Friedrich Wilhelm (des nachmaligen Friedrich III.) auch noch kleinformatige Skizzen für die übrigen 31 Porträts zu schaffen. An diese Entwürfe hatten sich die Künstler zu halten; ihnen war im übrigen nahegelegt worden, die Büsten an Ort und Stelle zu modellieren, um die in den »Feldherrnhallen« gegebenen Lichtverhältnisse von vornherein berücksichtigen zu können – ein Wunsch, auf den ein Teil der Bildhauer auch eingegangen ist.[66]

Andere Aufträge erteilte man den Künstlern unmittelbar und ohne die Kunstkommission zu Rate zu ziehen. So hatte sich Hitzig dafür eingesetzt, daß dem Maler Friedrich Geselschap die Kuppelbilder in der »Herrscherhalle« übertragen wurden – und damit seinem Schützling erneut zu einem Auftrag verholfen.[67] Und Anton von Werner erinnerte sich: »Eine Folge des kaiserlichen Besuchs (am 8. 11. 1882 im Zeughaus, wo Wilhelm I. erste fertiggestellte Gemälde, darunter auch Werners »Kaiserproklamation von 1871« besichtigt hatte; d. Vf.) war, daß der Kriegsminister v. *Abb. 28* Kameke mir am nächsten Tag mitteilte, Seine Majestät wünschten, ich solle auch das Pendantbild ›Die Krönung König Friedrichs I. im Jahre 1701‹ malen, – was mir recht *Abb. 25* peinlich war, zunächst Steffecks wegen, der schon Skizzen für das Bild vorgelegt hatte, die aber Allerhöchsten Ortes nicht befriedigt hatten, und sodann weil ich mich hier vor die Darstellung eines historischen Vorgangs aus einer Zeit gestellt sah, mit der ich mich bis dahin nicht beschäftigt hatte und die mir sehr viel zeitraubende Vorstudien an Porträts, Kostümen, Sitten und Gewohnheiten jener Zeit in Aussicht stellte... Aber eine Ablehnung des kaiserlichen Wunsches war undenkbar und Steffeck wurde durch einen anderen Auftrag für die Ruhmeshalle: ›König Wilhelm bei Sedan‹ entschädigt.«[68]

---

[65] Der offizielle Name: »Landes-Commission zur Begutachtung der Verwendung des Kunst-Fonds«. Diese war zuständig für den Ankauf von Gemälden für die Nationalgalerie und für die Verteilung des erheblichen staatlichen Kunst-Fonds, der für die Ausschmückung preußischer Staatsbauten mit Wandmalereien zur Verfügung stand. Vgl. Paul Ortwin Rave, Die Geschichte der Nationalgalerie Berlin, Berlin o. J., S. 13, 38f. – Hinzuweisen ist auf die Untersuchung von Christopher With über die Preußische Landeskunstkommission, die als Band 6 der von Stephan Waetzoldt geleiteten Schriftenreihe »Kunst, Kultur und Politik im deutschen Kaiserreich« (Gebr. Mann Verlag, Berlin) erscheinen wird.

[66] ZfbK 1883, Kchr. Sp. 451f. – Meyer, Begas, S. 84.

[67] Genannt sei hier nur die Ausmalung des Sitzungssaales durch Geselschap in dem von Hitzig zwischen 1869 und 1876 errichteten Reichsbankgebäude; vgl. Donop, S. 11, 16. – Jordan, Geselschap, S. 10, 19, 25. – KfA 14, 1898/9, S. 146. – U. Thieme u. F. Becker, Allgemeines Lexikon der bildenden Künstler, Leipzig, Bd. 13, S. 493.

[68] Werner, Erlebnisse, S. 357.

Es waren insgesamt nicht weniger als 42 preußische Künstler, die – alle Vertreter der offiziell anerkannten Kunstrichtung – zur Ausgestaltung der Zeughaus-Räume herangezogen worden sind. Diese erstaunliche Zahl zeigt, daß der Staat bei diesem Unternehmen in größtem Stil als Kunstförderer auftreten wollte. Den hier versammelten Werken der Monumentalmalerei und Skulptur sollte die Rolle zugedacht sein, einen repräsentativen Überblick über die Leistungsmöglichkeiten der zeitgenössischen Kunst in Preußen zu bieten und damit richtungsweisend auf die Kunstentwicklung überhaupt zu wirken.[69] Dieser Gesichtspunkt läßt sich – was Preußen betrifft – schon bei den Planungen Schinkels für einen Denkmalsdom (1814/15) nachweisen. Die Errichtung dieses Bauwerks dachte Schinkel sich »durch wenigstens anderthalb Jahrzehnte hindurch« als »Zentralpunkt aller höheren Kunstbetriebsamkeit des Landes«; alle »vorzüglichen Künstler müßten daran arbeiten, und die höchste Vollkommenheit in der Ausführung würde durch den Lauf dieses Zeitraums eine so wohltätige und praktische Schule werden, daß der echte Sinn der Künstler und Gewerke darin wiedergeboren würde«.[70]

---

[69] Vgl. die entsprechende Bemerkung in DBZ 1881, S. 429, die Zeughaus-Ausgestaltung werde »auf die fernere Entwicklung unserer vaterländischen monumentalen Kunst gewiß nicht ohne segensreichen Einfluß bleiben ...«.

[70] So Schinkel in seiner Denkschrift vom Sommer 1814: zit. nach P. O. Rave, wie Anm. 10, S. 192; vgl. a. die ebda, S. 194ff., abgedr. Denkschrift vom Januar 1815. – Zweifellos im selben Sinne gedacht waren ferner die von mehr als 20 preußischen Künstlern ausgestattete Berliner Nationalgalerie (1866/76), das oben schon erwähnte Wiener Arsenal (1849/91) und später dann die Berliner Siegesallee, die zwischen 1895 und 1901 von 27 preußischen Bildhauern geschaffen wurde. Letztere hatte nicht nur Wilhelm II. selbst, sondern auch der »Verein Berliner Künstler« in seinem an den Kaiser gerichteten Schreiben (vom 8. 2. 95) für geeignet gehalten, »die kommenden Geschlechter zur Nacheiferung anzuspornen, nicht minder aber geeignet, den bildenden Künstlern der Gegenwart eine reiche Fundgrube würdiger und dankbarer Schöpfungen zu erschließen«: ZSTA Merseburg, Hist. Abt. II, 2.2.1. Nr. 31799, Bl. 68f.

BESCHREIBUNG

Erdgeschoss

In der Mitte des Südflügels, in Verbindung also mit dem barocken Hauptportal, hatte Hitzig ohne wesentliche Eingriffe in die vorhandene architektonische Substanz eine 9 Gewölbejoche umfassende *Eingangshalle* geschaffen, von der aus man in den nun glasüberdachten Innenhof gelangen und auch schon einen ersten Blick in die (von hier aus nicht zugänglichen) angrenzenden Schausammlungen werfen konnte.[71] Zu Letzteren gehörten die Bestände des *Ingenieur-Museums* (westl. Seite des Südflügels und Westflügel), wo Schlüssel von preußischen und durch Preußen eroberten Festungen, Pioniergerät, Gemälde, Fahnen, Artillerie-Fuhrwerke sowie Modelle preußischer Burgwälle, deutscher, französischer und dänischer Festungen (wie z. B. von Sedan, *Abb. 10*

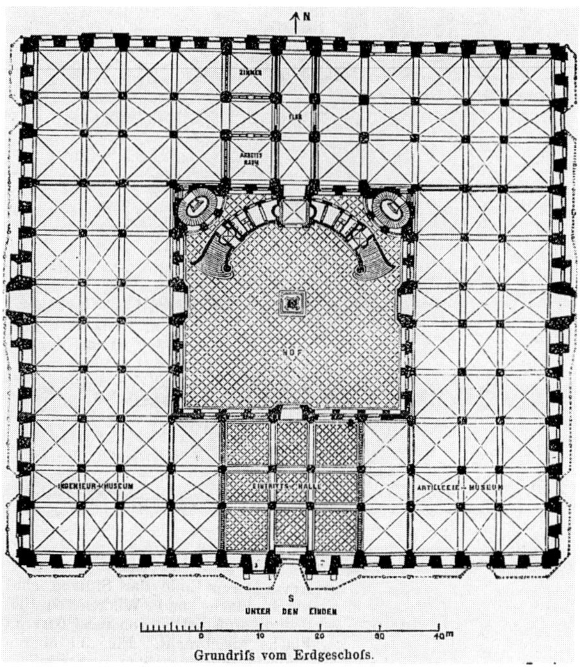

Abb. 10 Zeughaus-Umbau, Grundriß vom Erdgeschoß.

[71] Das überlieferte dokumentarische Material erlaubt es nicht, eine in jedem Punkt bis ins letzte Detail exakte Beschreibung der Umgestaltungsmaßnahmen zu geben.

Mezières, Straßburg, Düppel) und berühmter Schlachtfelder (Königgrätz) gezeigt wurden. Dieser Sammlung entsprach im Ostflügel und auf der östlichen Seite des Südflügels das *Artillerie-Museum*, das Geschütze aller Art und Herkunft aus der Zeit vom späten 14. Jahrhundert bis in die Gegenwart präsentierte.[72]

Abb. 11

Die Ausgestaltung der Eingangshalle hatten der Berliner Bildhauer Otto Lessing und der Maler Ludwig Burger übernommen. In der Gewölbezone bezogen sich – in Ergänzung vorhandener barocker Stuckornamente – Namenszüge und Insignien auf

Abb. 11 Sammlung von Geschützen, Erdgeschoß.

die drei brandenburgisch-preußischen Kurfürsten Friedrich I., Friedrich Wilhelm und Friedrich III. (O. Lessing). Darunter war auf den Schildbogenflächen neben den Türen im Sinne eines Verweises auf die angrenzenden Schausammlungen die Entwicklung des Ingenieur- und Artillerie-Wesens in vier nur den Titeln nach bekannten Grisaillen dargestellt: Sie zeigten die »Vertheidigung einer befestigten Stadt im Mittelalter«, die »Beschießung einer solchen in der ersten Zeit nach Einführung des Pulvers«, die »Laufgräbenarbeiten vor Straßburg« und die »Heutige Küstenvertheidigung durch die Monstregeschütze der Strandbatterien«.[73] An den Pfeilern sah man, ebenfalls in Grisaille, Waffen und Werkzeuge aus den dargestellten Epochen (L. Burger).

[72] Im Nordflügel waren Bibliotheks- und Wirtschaftsräume untergebracht.

[73] Gartenlaube 1881, S. 247. – DBZ 1881, S. 395. – CdB 1883, S. 103. – Führer 1887, S. 16ff. – GSTA Berlin Rep. 138, Nr. 48, Bl. 5f.

Abb. 12 Innenhof nach dem Umbau.

Die hohen Eisengitter, die die Eingangshalle von den Museumsräumen trennten, waren mit flammenden Granaten geschmückt und erinnerten mit den Initialen »WR« und dem mit der Königskrone bekrönten preußischen Adler an den Initiator der Umgestaltung, an Wilhelm als König![74]

Die bedeutsamste Baumaßnahme im Erdgeschoß betraf den *Innenhof*, den Hitzig zu einem monumentalen Treppenhaus umwandelte. Er überspannte ihn mit einem weiten Glasdach in Form einer böhmischen Kappe und legte an der Nordseite eine großzügige Freitreppe mit zwei geschwungenen, 3,50 m breiten Armen an, wahrscheinlich in Anlehnung an nicht ausgeführte Entwürfe Jean de Bodts.[75] Die Treppe

Abb. 12
Abb. 13

[74] DBZ 1881, S. 395.

[75] CdB 1883, S. 102; ebda 1889, S. 293; ebda 1891, S. 88. Zu den Plänen de Bodts: Richard Borrmann, Die Bau- und Kunstdenkmäler von Berlin, Berlin 1893, S. 380; sie wurden um 1886 in Dresden entdeckt und von Richard Steche, Pläne für das K. Zeughaus und ein K. Stallgebäude zu Berlin. Aus dem Nachlasse

führte in das Obergeschoß mit seinen Ehrenhallen und Waffensammlungen. Die Eingänge zum Ingenieur- und Artillerie-Museum lagen an der West- bzw. Ostseite des Hofes im Erdgeschoß.

Die skulpturale Ausgestaltung des Innenhofes ordnete sich vollkommen dem militärischen Charakter des Zeughauses unter. Im Mittelpunkt des Hofes, dessen hohe Rundbogenfenster seit je mit Schlüters »Masken« erschlagener Krieger geschmückt *Abb. 1* waren, erhob sich die Kolossalfigur der Borussia von Reinhold Begas. Durch ihre aufrechte, siegesbewußte Haltung, durch ihr Kostüm: den Brustpanzer, die Beinschienen und den lorbeerbekränzten, antikisierenden Helm, sowie durch ihre Attribute: zwei Lorbeerkränze und ein Schwert, war sie weniger als Landesgöttin, eher als Bellona-Viktoria charakterisiert. »Es ist eine Borussia nach dem Siege, triumphierend, ein Sinnbild Preußens im Zeichen der neuen Deutschen Kaiserkrone.«[76]

Auch den Treppenschmuck hatte man Begas übertragen: es waren auf den beiden *Abb. 14* Antrittspostamenten zwei lässig sitzende, als Wachen verstandene Krieger in antikisierender Rüstung (geschaffen in deutlicher Orientierung an Michelangelos Florentiner Statuen des Lorenzo und des Giuliano Medici) und an den beiden Treppenwangen

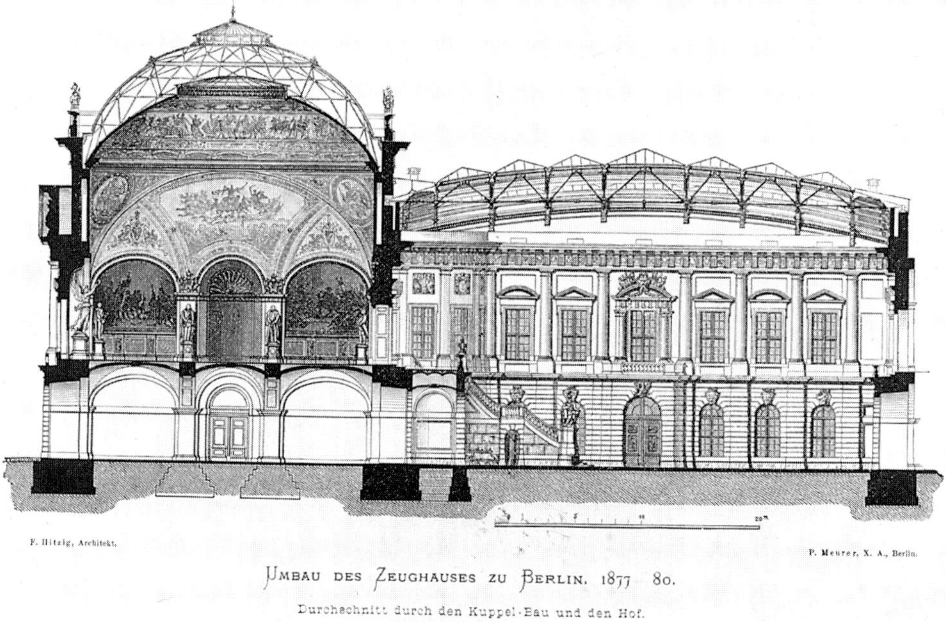

Abb. 13 Querschnitt durch Kuppelhalle und Innenhof nach dem Umbau.

des Generals de Bodt, Berlin 1891, herausgegeben. Offenbar kannte man den Treppenplan de Bodts aber auch aus der Aktenüberlieferung, an die sich Hitzig wohl gehalten hat: vgl. die entsprechende Bemerkung in: CdB 1891, S. 88.

76 Meyer, Begas, S. 91. – Vgl. im übrigen Kat. Nr. 1.

Abb. 14 Reinhold Begas, Krieger, 1881.
Freitreppe des Innenhofes.

zwei dreieckige Kalksteinreliefs, die den »Seekrieg« (links) und den »Landkrieg« (rechts) in Allegorien darstellten.[77]

Über den Fenstern der ovalen Ecktreppenhäuser brachte man Relieffelder mit der Darstellung von Trophäengruppen an, und auch die nach einem Modell von Otto Lessing gegossene Bronzetür, die vom obersten Treppenpodest in die Herrscherhalle führte, wurde mit reichem, wiederum auf das Kriegswesen bezüglichen Schmuck versehen.[78]

Im übrigen waren im Innenhof Beutestücke zur Schau gestellt: französische, im Krieg 1870/71 eroberte Geschütze standen an den Wänden, und französische Fahnen hingen dicht unterhalb des Daches an allen Seiten des Hofes.[79]

---

[77] Zu den Kriegerfiguren: Meyer, Begas, S. 91 und Abb. 78, 79. – Vgl. a.: DBZ 1881, S. 427. – NPZ vom 12. 1. 1881. – KfA 14, 1898/9, S. 18. – ZfbK 18, 1883, Kchr. Sp. 450f. – Bei den allegorischen Kriegsdarstellungen handelte es sich um weibliche, nach Art antiker Flußgötter gelagerte Gestalten, die durch ihre Attribute: einen Anker, eine (moderne!) Schiffsschraube, ein altertümliches Schiff, bzw. durch ein Geschütz, antikische Feldzeichen, Speere, ein Schwert sowie eine Festung gekennzeichnet waren: Meyer, Begas, S. 91 und Abb. 80, 81. Die Reliefs und die Kriegerfiguren wurden bis 1881 durch Schüler des Künstlers fertiggestellt.

[78] Die Reliefs (Stuck) hatten Carl und August Dankberg geschaffen: DBZ 1881, S. 427. – Zur Bronzetür vgl. Kat. Nr. 2.

[79] Führer 1887, S. 22.

Obergeschoss

Abb. 15 Das obere Stockwerk gliederte sich in die drei Ehrenhallen des Nordflügels und die
Abb. 16 Museumsräume in den drei übrigen Trakten, wo die historischen europäischen und
Abb. 17 orientalischen Waffensammlungen, Uniformfiguren, Militär-Ehrenzeichen und Medaillen untergebracht waren.

Es hatte sich gezeigt, daß die Einrichtung der Museumsflügel keine besonderen baulichen Maßnahmen erforderte; man ersetzte lediglich die flache Balkendecke
Abb. 18 durch ein steinernes Kreuzgewölbe – dies den ursprünglichen barocken Plänen entsprechend, die seinerzeit jedoch nicht ausgeführt worden waren. Dagegen verlangte die Herrichtung der »Ruhmeshalle«, wie die »Herrscherhalle« und die beiden »Feldherrnhallen« insgesamt genannt wurden, größere Anstrengungen. Hier schuf Hitzig durch Zusammenfassung von neun Gewölbejochen einen quadratischen Zentralraum von ca. 22 m Seitenlänge: die »Herrscherhalle«, die er mit einer in 22 m Höhe endenden, das historische Zeughaus beträchtlich überragenden Flachkuppel (mit entsprechend flacher Laterne) überwölbte.[80]

Abb. 15 Zeughaus-Umbau, Grundriß vom Obergeschoß.

[80] Zu den baulichen Maßnahmen: DBZ 1881, S. 373 ff. – CdB 1883, S. 101 ff. – Die innere Kuppel erhielt eine Schutzkuppel, diese trat nach außen hin kaum in Erscheinung. Sie wurde durch eine Attika mit Balustrade verdeckt, auf der – entsprechend der barocken Bauplastik – ebenfalls Trophäen aufgestellt

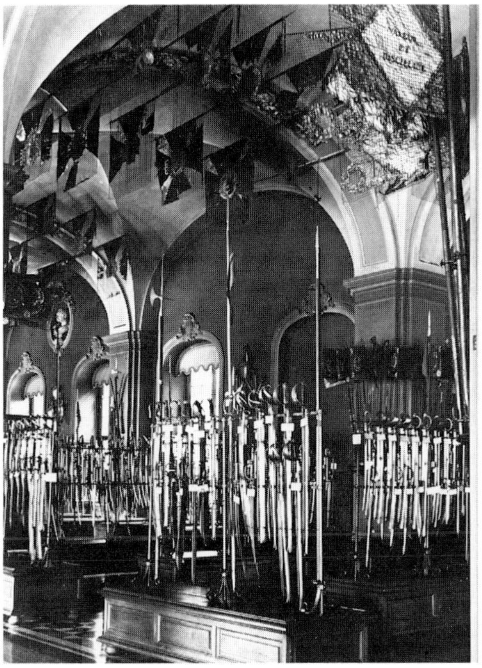

Abb. 16 Sammlung von Blankwaffen, Obergeschoß.

Abb. 17 Uniformsammlung, Obergeschoß.

Zwei je 12 Joche umfassende Hallen, die sog. »Feldherrnhallen«, flankierten rechts und links diesen Kuppelraum; sie erhielten wie die übrigen Flügel Kreuzgewölbe. Die großen Fenster bzw. Fensterfelder aller drei Hallen ließ Hitzig im Innern verkleiden: die zweifenstrigen Joche wurden jeweils durch eine oben rundbogig abschließende Wandfläche verdeckt, die Raum für die vorgesehenen Historienbilder bieten sollte. Die einfenstrigen Joche erhielten Nischen zur Aufnahme von Statuen.

Als das Zentrum des neuen Konzepts hoben sich die drei Ehrenhallen durch ihr besonders aufwendiges Programm heraus. Malerei und Skulptur ergänzten sich in ihnen und bildeten gemeinsam eines der anspruchsvollsten Staatsdenkmäler, das die offizielle Kunst jener Jahre in Deutschland hervorgebracht hat. Dabei sah man verschiedene Darstellungsweisen kombiniert: realistisch aufgefaßte historische Szenen neben stark stilisierten allegorischen Gemälden sowie Porträtstatuen und -büsten neben sinnbildlichen Skulpturen.

---

waren: Gartenlaube 1881, S. 247. Die Trophäen schuf Emil Hundrieser: CdB 1883, S. 116. Im Zusammenhang mit dem Kuppelbau führte man auch den Nordgiebel neu auf; die Reliefs hierfür arbeitete wiederum Hundrieser: CdB 1883, S. 116.

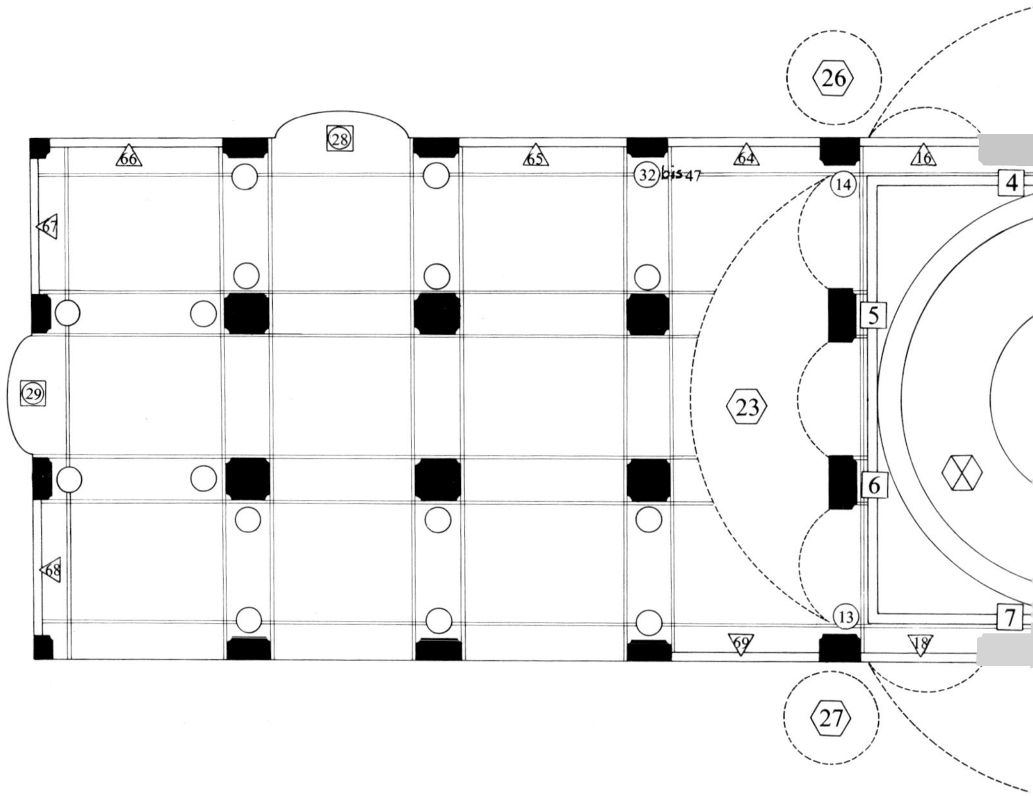

Die Zahlen in den Symbolen bezeichnen die Katalognummern.

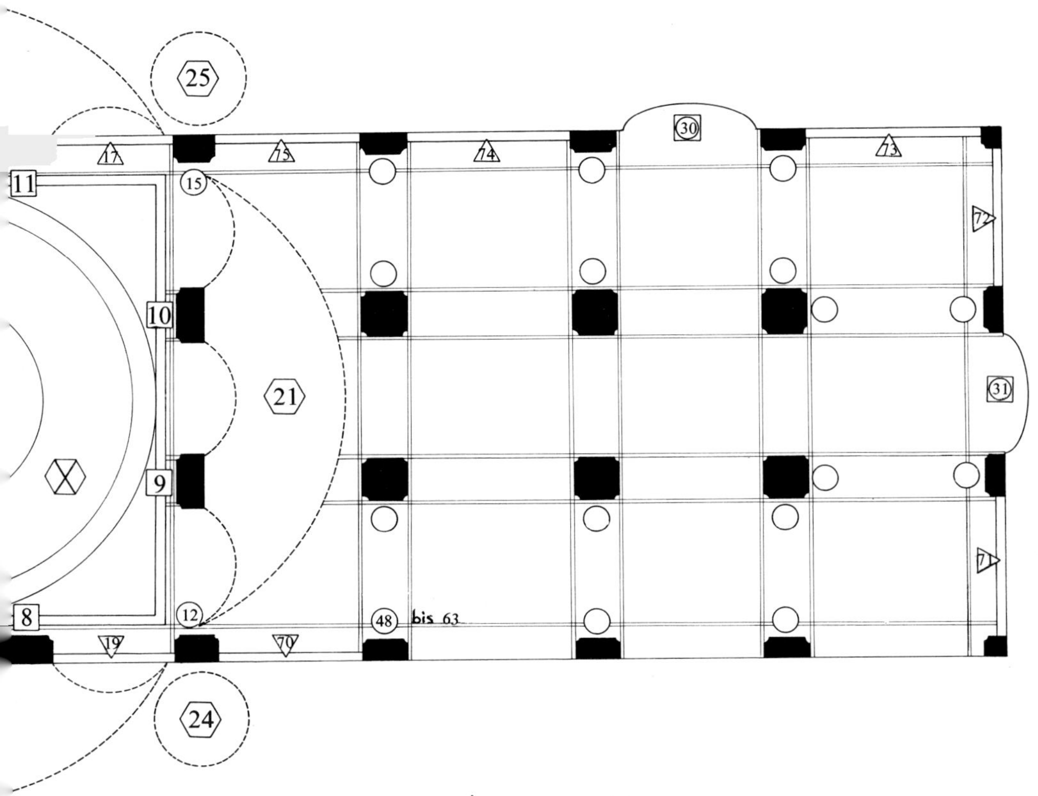

△ Historienbilder, Kat.-Nr. 16–19, 64–75
○ Büsten, Kat.-Nr. 12–15, 32–47, 48–63
□ Regentenstandbilder, Kat.-Nr. 4–11
Allegorische Skulpturen, Kat.-Nr. 3, 28–31
⬡ Allegorische Gemälde, Kat.-Nr. 20–27
Triumphzugsfries

Abb. 18 Programmschema von »Herrscherhalle« und »Feldherrenhallen«.

Die »Herrscherhalle«

Die Skulpturen

Abb. 19 Der Besucher erreichte über die Freitreppe zunächst die »Herrscherhalle«, den »Tem-
Abb. 20 pel des preußischen Herrscherruhms«.[81] Er erblickte an der ihm gegenüberliegenden
Abb. 21 Nordwand die weit überlebensgroße Skulptur der friedenbringenden Viktoria, von einer Rundbogennische hinterfangen und dadurch gleichsam triumphal überhöht.[82] Die Figur übertraf an Größe beträchtlich die 2,80 m hohen Bronzestandbilder von acht preußischen Herrschern, die ihren Platz vor den Wand- bzw. Freipfeilern des Kuppelraumes gefunden hatten. Die Abfolge dieser Statuen setzte mit der Figur des
Abb. 22 Großen Kurfürsten ein, die links neben der Siegesgöttin stand, und führte mit den
Abb. 23 Bildnissen Friedrichs I., Friedrich Wilhelms I., Friedrichs II., Friedrich Wilhelms II.,
Abb. 3 Friedrich Wilhelms III. und Friedrich Wilhelms IV. bis zu Wilhelm I. rechts neben der
Abb. 24 Viktoria.[83]

Abb. 19 Herrscherhalle, Blick auf die Nordwand.

[81] Gartenlaube 1881, S. 247.
[82] Vgl. Kat. Nr. 3.
[83] Bronzierte Stuckschilde oberhalb der Pfeilerkapitelle zeigten die Initialen der jeweils dargestellten Herrscher. Dabei waren die Kartusche oberhalb der Statue des Großen Kurfürsten mit dem Kurfürstenhut,

Abb. 20 Herrscherhalle, Blick auf die Nord- und Westwand.

Es trat dem Besucher also zuerst eine Dreiergruppe vor Augen, die die Siegesgöttin zwischen dem Großen Kurfürsten und Kaiser Wilhelm I. zeigte und damit im Zeichen des Triumphes diejenigen Herrscher vorführte, in denen man den ersten Aufstieg und den Höhepunkt der geschichtlichen Entwicklung Preußens verkörpert sah.

Als Ergänzung dieser Verherrlichung der Dynastie – daher auch nur als Büsten und in untergeordneter Position dargestellt – hatte man vor den vier Eckpfeilern der »Herrscherhalle« die bronzenen Bildnisse Bismarcks und Roons (an der Nordwand) sowie Steins und Scharnhorsts (an der Südwand) plaziert: »So werden für alle Zukunft die gewaltigen Männer, welche durch ihre Gedanken und Thaten dem preußischen

---

die Schilde über den sechs Königsstandbildern mit der preußischen Königskrone und die Kartusche oberhalb der Statue Wilhelms I. mit der neuen Kaiserkrone geschmückt worden (nach Entwürfen von O. Lessing: DBZ 1881, S. 428). – Zu den Herrscherstatuen vgl. Kat. Nr. 4–11.

Abb. 21 Fritz Schaper, Viktoria, 1881. Herrscherhalle, Nordwand.

Abb. 22 Erdmann Encke, Großer Kurfürst, 1883. Ehemals Herrscherhalle.

Abb. 23 Erdmann Encke, Friedrich der Große, 1886. Ehemals Herrscherhalle.

Abb. 24 Rudolf Siemering, Wilhelm I., 1891. Ehemals Herrscherhalle.

Abb. 25 Anton v. Werner, Krönung Friedrichs I. in Königsberg, 1887. Herrscherhalle.

Volke zu Macht und Ansehen verhalfen, als treue Paladine neben den Fürsten stehen, in deren Dienst sie ihre Treue bewiesen haben.«[84] Mit der Darstellung gerade dieser vier Persönlichkeiten waren die beiden Epochen hervorgehoben worden, die für die jüngste preußische Geschichte als entscheidend angesehen wurden: die Jahre der Erhebung und die Zeit der Reichseinigung. Mehr als einmal hatte man einen engen Zusammenhang zwischen diesen beiden Ereignissen behauptet; die Worte Wilhelms I.: »Wir müssen anerkennen, daß wir nur auf den Grundlagen weitergebaut haben,

[84] Parole vom 17. 1. 1890, S. 38; vgl. a.: KfA 4, 1888/9, S. 142; ebda 1889/90, S. 158. – ZfbK NF 1, 1890, Kchr. Sp. 187. – Deutsche Post 4, 1890, S. 43. S. a.: Kat. Nr. 12–15, sowie die Vorbemerkung zu Kat. Nr. 28–31.

Abb. 26 Wilhelm Camphausen, Die Schlesischen Stände huldigen Friedrich II. in Breslau, 1882. Herrscherhalle.

welche 1813, 1814 und 1815 gelegt worden sind«, mögen dafür als ein Beispiel stehen.[85] Jede der beiden Epochen war hier durch ihren hervorragendsten Staatsmann sowie durch den General vertreten, dessen Heeresreform die militärisch-organisatorischen Voraussetzungen für die Kriege von 1813/15 bzw. 1866 und 1870/71 geschaffen hatte.

---

85 Motto zu dem Buch von Timm Klein, Die Befreiung 1813, 1814, 1815. Urkunden, Berichte, Briefe, München 1913. – Vgl. dazu auch die zahllosen Beispiele in der patriotischen Lyrik von 1870/71, die einen Zusammenhang der Kriege von 1813/15 und 1870/71 behaupteten: Hasko Zimmer, Religion und Patriotismus in der Lyrik der Befreiungskriege und des Deutsch-Französischen Krieges 1870/71, Diss. Hamburg 1971, S. 71ff.

Abb. 27 Georg Bleibtreu, Aufruf Friedrich Wilhelms III. »An Mein Volk«, 1882. Herrscherhalle.

Die Historienbilder

Das Programm der Wand- und Deckenmalereien vereinigte allegorische Darstellungen (auf den Schildbogenflächen und in der Kuppel) mit geschichtlichen Szenen (auf der unteren Wandzone). Zwei der vier Historienbilder, die insgesamt den »größten Haupt- und Staatsaktionen der preußischen Königsgeschichte« gewidmet waren, befanden sich zu Seiten der Nische mit der Viktoria; ihnen standen die beiden anderen auf der südlichen Wand, also rechts und links neben dem Eingang, gegenüber.[86]

[86] So bezeichnet in: ZfbK 1882, Kchr. Sp. 315.

Abb. 28 Anton v. Werner, Kaiserproklamation zu Versailles 1871, 1883. Herrscherhalle.

An der Nordwand, links neben der Siegesgöttin und dem Standbild des Großen Kurfürsten, sah man die »Krönung Friedrichs I. in Königsberg, 1701« (A. v. Werner), ein Bild, das mit der Darstellung der Erhebung des Herzogtums Preußen zum Königreich dem Publikum den Beginn der Entwicklung preußischer Königsmacht vor Augen führte. Es schloß sich – chronologisch verstanden – auf der Südwand, links neben der Tür, das Gemälde »Die Schlesischen Stände huldigen Friedrich II. in Breslau, 1741« (W. Camphausen) an.[87] Diese Szene aus dem Ersten Schlesischen

Abb. 25

Abb. 26

[87] Vgl. Kat. Nr. 16, 18. Im übrigen entsprechen die zeitgenössischen Bildtitel, die hier beibehalten sein sollen, dem dargestellten Inhalt nicht immer genau.

Krieg, durch den Preußen sein Territorium beträchtlich vergrößern konnte, sollte die Entschlossenheit Friedrichs des Großen veranschaulichen, dem Lande nach außen hin
Abb. 27 das Ansehen einer ernstzunehmenden europäischen Macht zu verschaffen. Rechts neben der Tür folgte der »Aufruf Friedrich Wilhelms III. ›An Mein Volk‹, 1813« (G. Bleibtreu), eine Darstellung, die die begeisterte Reaktion der preußischen Bevölkerung auf das vom König am 17. 3. 1813 gegebene Zeichen zur Erhebung gegen Napoleon zeigte. Das Gemälde galt einer Epoche von »patriotischem Aufschwung ..., wie die Weltgeschichte noch keinen gesehen« hatte; es sollte die »Erlösung (Preußens) von der Fremdherrschaft« und den Wiederaufstieg nach dem Zusam-
Abb. 28 menbruch 1806 vergegenwärtigen.[88] Als Abschluß dieser Bilderreihe sah man an der Nordwand, rechts neben der Viktoria und der Statue Wilhelms I., die »Kaiserproklamation 1871« (A. v. Werner). Diese Darstellung führte die Erneuerung der deutschen Kaiserwürde am 18. 1. 1871 im Spiegelsaal des Schlosses von Versailles und damit zugleich die Führungsrolle Preußens in dem neu geschaffenen »kleindeutschen« Reich vor Augen.[89]

Was für den damaligen Besucher bereits in den Standbildern des Großen Kurfürsten und Wilhelms I. verkörpert war, sah dieser in den beiden Gemälden der Nordwand also noch einmal – nun in aller Ausführlichkeit und mit allem Glanz – geschildert: in den zwei Krönungsszenen von 1701 und 1871, deren Kompositionen bezeichnenderweise weitgehend übereinstimmten!, erblickte er den Anfang und den Gipfelpunkt preußischer Königsmacht in unmittelbarem sprechenden Zusammenhang.

Im übrigen waren die vier Historienbilder der »Herrscherhalle« um der dynastischen Akzentsetzung und der künstlerischen Geschlossenheit des Programms willen ohne Ausnahme als vielfigurige »Huldigungen« gestaltet und in ihrer Komposition einander paarweise angeglichen. Das gilt zunächst von den beiden Krönungsszenen, aber ebenso von der Darstellung der Eidesleistung der Schlesischen Stände vor Friedrich dem Großen und von dem Gemälde »Aufruf Friedrich Wilhelms III.«. Denn dieses Bild, das den preußischen König und Alexander I. zu Pferde und mit Gefolge zeigte, war als Akklamation aufgefaßt: von beiden Seiten strömten jubelnde Patrioten, z. T. mit Frauen und Kindern, heran. Unter ihnen erkannte man Theodor Körner, Jahn und v. Hippel, den Verfasser des königlichen Aufrufs. Wie die beiden Krönungsszenen der Nordwand ähnelten sich die Gemälde auf der Südwand im Aufbau: hier wie dort näherte sich von rechts und links je eine Gruppe Akklamierender dem Herrscher, der im Mittelpunkt des Bildes, hoch erhoben über Alle und dem Betrachter zugewandt, erschien.

Im übrigen hatte man sich bemüht, nicht nur die Historienbilder an der Nordwand, sondern auch die der Südwand mit den entsprechenden Herrscherstatuen in eine anschauliche Beziehung zu bringen: so sah man Friedrich II. neben der Breslauer Huldigungsszene und das Standbild Friedrich Wilhelms III. seitlich neben dem Gemälde, das den Beginn der Freiheitskriege darstellte.

---

[88] Führer 1910, S. 25. Kat. Nr. 19.
[89] Kat. Nr. 17.

Die allegorischen Darstellungen

Zwischen der unteren Wandzone mit den geschichtlichen Szenen und der niedrigen, durch eine flache Laterne beleuchteten Kuppel erstreckten sich vier langgezogene, gedrückte Bogenfelder (ca. 19 × 7 m), die wie die Kuppel und die Pendentifs von Friedrich Geselschap mit allegorischen Kompositionen ausgeschmückt worden waren. Der Besucher erblickte beim Eintritt in die »Herrscherhalle« an der Nordwand eine Darstellung, die als »Wiedererrichtung des Deutschen Kaiserreichs 1871« beschrieben wurde; ihr stand auf der Südseite eine Allegorie des »Friedens« gegenüber. Die Ostwand zeigte die symbolische Veranschaulichung des »Krieges«, auf der Westwand sah man die »Aufnahme der Gefallenen nach Walhalla« (so die zeitgenössischen Titel). Die Medaillons in den Pendentifs stellten die Personifikationen der Kardinaltugenden dar, und um die Kuppel zog sich ein Fries von etwa 70 m Länge, der einen idealen, auf Wolken schwebenden Triumphzug wiedergab. *Abb. 20*

Wie oben schon erwähnt, hatte Hitzig sich mit Nachdruck und offenbar gegen manchen Einspruch für die Auftragserteilung an Friedrich Geselschap eingesetzt. Dies erscheint aus der Sicht eines Architekten unmittelbar plausibel, vertrat doch Geselschap gegenüber den realistischen Tendenzen der Epoche einen Monumentalstil, der dem des Cornelius vergleichbar war und sich daher für die Einpassung in einen architektonischen Rahmen besonders eignete.[90] Geselschap, der als 20jähriger 1866 nach dem Studium an der Düsseldorfer Akademie im Auftrag eines Erfurter Mäzens nach Italien aufgebrochen war, um Werke Raffaels zu kopieren, hatte dort – während eines fünf Jahre dauernden Aufenthalts – seine künstlerischen Vorbilder gefunden. Die Gemälde Michelangelos in der Sixtinischen Kapelle und vor allem die Wandbilder Raffaels in den Stanzen des Vatikan wurden ihm zum »Evangelium der Kunst«; »jenen Führern (eiferte er) selbständig nach, und was wir in der Ruhmeshalle ... zu schauen das Glück haben, darf als ein Tribut des Dankes angesprochen werden ...«.[91]

Geselschap hatte die vier Allegorien auf den Schildbögen nach einem stets gleichen, deutlich von den Stanzen-Fresken Raffaels beeinflußten Kompositionsschema entworfen. Er gliederte seine Bilder in eine irdische und eine himmlische Zone. Auch schuf er in allen Darstellungen eine monumentale Hintergrundsarchitektur von immer sehr verwandter Form, aus deren mächtigem Mitteltor die jeweilige Hauptfigur als überirdische Erscheinung hervortrat (die »Walhalla« bildete hier eine Ausnahme). Schließlich betonte er durch zwei gegeneinander ausgewogene Vordergrundsgruppen nochmals die strenge Symmetrie des Bildaufbaus.[92] Durch dieses großzügige Kompositionsverfahren war es ihm gelungen, das gedrückte, flache Format der Bogenfelder zugunsten einer freieren Raumwirkung zu überspielen. Im übrigen hatte der Künstler seine Bilder sehr bewußt der Architektur eingepaßt. So setzten die Vordergrundsgrup-

---

[90] Jordan, Geselschap, S. 19.

[91] Donop, S. 9. – Vgl. a.: Jordan, Geselschap, S. 6, 34. – KfA 1, 1880, S. 270.

[92] Donop, S. 17. – Jordan, Geselschap, S. 19. – Holsten, S. 39f.

pen die Vertikale der Pfeiler unter ihnen fort, und die Senkrechten der Hintergrundsarchitekturen leiteten den Blick über die Bildbegrenzung hinaus nach oben in die Kuppel. Dies umso mehr, als die Toröffnungen (bzw. die Gloriole in der »Walhalla«) stets im Scheitelpunkt angeschnitten waren – eine Lösung, die wiederum ohne Raffaels Stanzen-Fresken (»Vertreibung des Heliodor aus dem Tempel«, »Schule von Athen«) nicht denkbar war. Wie bezeichnend in diesem Zusammenhang eine Skizze Geselschaps zum »Frieden«, wo der Künstler auf der Rückseite des Blattes Details aus Raffaels »Schule von Athen« festgehalten hat![93]

»Wiedererrichtung des Kaiserreichs 1871«

Abb. 29 *Abb. 30* Das durch seine Anordnung an der Hauptwand (der dem Eingang gegenüberliegenden Nordwand) besonders hervorgehobene Gemälde galt der »Wiedererrichtung des Kaiserreichs 1871« und zeigte eine Komposition, die unmittelbar an Raffaels »Schule von Athen« in der Stanza della Segnatura denken läßt.[94] Unter dem Gewölbe einer romanisierenden Architektur erschien zwischen zwei nackten Knaben als Mantelträgern eine Herrschergestalt, auf Wolken schreitend und von einer hellstrahlenden Gloriole hinterfangen. Sie war im mittelalterlichen Kaiserornat gegeben, trug die alte Reichskrone und hielt in der ausgestreckten Rechten eine Siegesgöttin über einem Globus. Auf eine für Zeitgenossen sofort verständliche Weise hatte Geselschap deutlich gemacht, wer mit diesem Kaiser gemeint war: sein langwallender, aber weißer Bart bildete in der patriotischen Kunst und Literatur jener Jahre das »Leitmotiv« des typologischen Schemas Barbarossa-Barbablanca und verwies immer auf den ersten Hohenzollern-Kaiser, auf Wilhelm I. als »neuen« Kaiser Rotbart.[95]

Sechs Genien schwebten dem Herrscher voraus: nach links die Personifikationen der Weisheit (mit Fackel), der Stärke (mit Löwenhaupt und Keule) und der Herrschaft (mit Schwert), nach rechts eine weitere Verkörperung der Macht (mit adlerbesetztem Szepter und Reichsapfel) sowie die Figuren der Gerechtigkeit (mit einem aufgeschlagenen Buch, das die Inschrift trug: »Justitia fundamentum regnorum est«) und des Friedens (mit Palmzweig).

---

[93] Papier, Bleistift, Wasserfarben; 13 × 19 cm, Staatliche Museen zu Berlin, Nationalgalerie, Sammlung der Handzeichnungen, Geselschap Nr. 204. – Umfangreiches Skizzenmaterial zu den Gemälden Geselschaps hat sich in dieser Sammlung erhalten; 100 der Studienblätter sind 1893 vom Museum erworben worden: JdpK 14, 1893, Sp. LVI.

[94] Das gilt für den Bildaufbau insgesamt. Für die vom Rücken gesehene Gestalt des Elsaß (oder Lothringens), die dem Kaiser ihre Krone darbietet, ist auf die Rückenfigur vorn links in Raffaels »Disputa« hinzuweisen. – Vgl. im übrigen Kat. Nr. 20.

[95] S. Monika Arndt, Das Kyffhäuser-Denkmal. Ein Beitrag zur Ikonographie des Zweiten Kaiserreiches, in: Wallraf-Richartz-Jahrbuch XL, 1978, S. 75ff. – Ursprünglich sollte der Bezug noch deutlicher sein: Geselschap hatte die – vom Kaiser dann nicht gestattete – Absicht gehabt, der mittelalterlichen Herrschergestalt die Gesichtszüge Wilhelms I. zu verleihen (ZfbK 19, 1884, Kchr. Sp. 730. – Jordan, Geselschap, S. 26. – Berthold Daun, Die Kunst des 19. Jahrhunderts und der Gegenwart, Berlin 1909, S. 468. – Holsten, S. 40).

Abb. 29 Friedrich Geselschap, Wiedererrichtung des Kaiserreiches 1871, 1889. Herrscherhalle.

Der kaiserlichen Erscheinung huldigten auf den beiden Seiten in mehreren Gruppen Personifikationen der deutschen Länder, die z. T. durch ihre Wappenschilde gekennzeichnet waren. So sah man am linken Bildrand die Verkörperung Mecklenburgs, und in der rechten Gruppe erschien eine Frauengestalt, zu deren Füßen ein Knabe das sächsische Stammwappen hielt.

Besonders hervorgehoben durch ihre Stellung links vorn waren die als Rückenfiguren aufgefaßten Verkörperungen von »Elsaß« und »Lothringen«. Sie hielten sich schwesterlich an den Händen und wurden von der Gestalt »Badens«, des ihnen benachbarten Landes, dem Kaiser zugeführt. Die eine der beiden Figuren war dunkel verschleiert; sie brachte dem Kaiser die Krone ihres Landes als Zeichen der Unterwerfung dar. Ein knieender Knabe – eine Art Reichsherold, dessen Gewand mit dem Reichsadler geschmückt war – blickte zu der Gruppe empor. Er präsentierte zwei Schilde, von denen der linke das kombinierte Wappen der 1871 annektierten »Reichslande« Elsaß und Lothringen erkennen ließ. Wie zur selben Zeit (1880/82) Hermann Wislicenus im Mittelbild des Goslarer Kaisersaales verwies Geselschap damit auf eine der Folgen des deutsch-französischen Krieges, die für Deutschlands Patrioten als eine für notwendig gehaltene Korrektur der geschichtlichen Entwicklung seit Ludwig XIV. von besonderer Bedeutung war: »Das verlorene Palladium war wiedergewonnen und die alte Westmark dem Reiche zugeführt« – so konnte sich die Annexion dieser Gebiete in der damaligen Literatur darstellen.[96]

Zwischen den Gestalten von Elsaß und Lothringen erkannte man im Lorbeerkranz des Siegers die porträthaft aufgefaßte Gestalt des Kronprinzen Friedrich Wilhelm (des nachmaligen Kaisers Friedrich III.). Er verwies die Gruppe mit ausgreifender Gebärde auf die Herrschergestalt. Daß er an dieser Stelle erschien, war kein Zufall: er hatte

Abb. 30 Friedrich Geselschap, Entwurf für die »Wiedererrichtung des Kaiserreiches 1871«.

[96] Joseph Schlüter, Kaiser Wilhelm. 5 Festreden, Gotha 1880, S. 12. – Zum Goslarer Bild: M. Arndt, wie Anm. 21, S. 65. – Die Bemerkung (in: KfA 2, 1887, S. 20), die Länderpersonifikationen würden dem Kaiser die Reichskrone anbieten, ist nicht richtig. Bei der Krone, die die schwarz verschleierte Gestalt des Elsaß (bzw. Lothringens) darbringt, handelt es sich um die Krone ihres Landes.

als Heerführer der III. Armee bei Weißenburg und Wörth (4. und 6. 8. 1870), also im Elsaß, gleich zu Beginn des Krieges entscheidende Schlachten geschlagen.

Die rechte Gruppe der Länderpersonifikationen wurde von der »Bavaria« der visionären Kaisergestalt entgegengeführt. Hoch aufgerichtet, dem Betrachter frontal zugewendet, beschrieb die von ihrem Wappentier, dem Löwen, begleitete und den Rautenschild haltende Personifikation Bayerns eine weitausholende Geste in Richtung auf den Kaiser. Die Bedeutung dieser Gebärde verstand sich für den damaligen Besucher von selbst: es sollte hier auf die besondere Rolle Bayerns bei der Reichsgründung hingewiesen werden – hatte doch seinerzeit Prinz Luitpold als Abgesandter Ludwigs II. im Hauptquartier zu Versailles dem preußischen König Wilhelm den von Bismarck diktierten »Kaiserbrief« überreicht und darin, stellvertretend für die Fürsten, die deutsche Kaiserkrone angeboten.[97]

Rechts im Hintergrund erkannte man – wie übrigens auch auf dem schon erwähnten Goslarer Gemälde – die drei »Paladine« Wilhelms I.: die »Heroen des Reichsgedankens und der Wehrkraft« Bismarck, Moltke und Roon, dargestellt als Krieger in antikischen bzw. germanischen Phantasie-Rüstungen.[98] Bismarck hielt außer dem blanken Schwert eine Schriftrolle in Händen, auf der man das Datum der Kaiserproklamation »18. Januar 1871« lesen konnte. Mit diesen drei Persönlichkeiten hatte Geselschap wie auch schon mit der Gestalt der Bavaria auf die entscheidenden Voraussetzungen des neuen Kaiserreiches angespielt, auf die militärische Macht Preußens (undenkbar ohne Moltke und Roon) einerseits, auf die Politik Bismarcks andererseits. In diesen Zusammenhang gehörte auch eine Kriegergruppe, die man in den Wolken hinter dem bayerischen Löwen erkennen konnte.

»Der Krieg«

An die Reichs-Allegorie schloß sich rechts, also auf der Ostwand, eine symbolische Darstellung an, die sich ungeachtet ihrer überhöhenden Auffassung auf den deutsch-französischen Krieg von 1870/71 bezog.[99] *Abb. 31* *Abb. 32*

Aus dem Rundbogen-Tor einer festungsartigen Architektur stürmte ein Streitwagen frontal hervor, geschmückt mit einem geflügelten Medusenhaupt und gezogen von sechs Kriegsfurien, die Schlangen und Fackeln als die traditionellen Zeichen der Uneinigkeit in Händen trugen und mit Schlangenhaar und Flügeln der Medusa ähnelten.[100] Auf dem Wagen stand aufrecht Bellona, im Panzer, mit wehendem Mantel

---

[97] Die Rolle Bayerns bei der Begründung des neuen Kaiserreiches wurde im Programm zweier anderer, gleichzeitig, bzw. früher entstandener preußischer Denkmäler hervorgehoben: im Mittelbild des Goslarer Kaiserhaus-Zyklus und auf dem Mosaik der Berliner Siegessäule, wo beide Male die gänzlich unhistorische Kronenübergabe durch Ludwig II. zur Anschauung gebracht worden ist: vgl. M. Arndt, wie Anm. 21, S. 90.

[98] Führer 1914, S. 7.

[99] Vgl. die Bemerkung in: KfA 2, 1887, S. 20. – Zur Darstellung: Kat. Nr. 21. – Im Hinblick auf die Orientierung Geselschaps an Raffael und Michelangelo vgl. für die Darstellung der Kriegsfurien die fliegenden Gestalten in Michelangelos Jüngstem Gericht. – Zur Bildtradition s. Holsten, S. 40ff.

[100] Breysig, S. 735.

Abb. 31 Friedrich Geselschap, Der Krieg, 1886. Herrscherhalle.

und Helm. Sie streckte mit der erhobenen Rechten ein Flammenschwert vor und hielt in der Linken einen Schild mit dem Symbol des schlangenumwundenen Kreuzes, d. h. des christlichen Glaubens in Abwandlung der traditionellen Darstellung der Ehernen Schlange (nach 4. Mose 21). Links neben ihr erkannte man die »Stärke«, die durch Löwenhaut und Keule gekennzeichnet war und zum Zeichen des Beistands den schwerttragenden Arm der Kriegsgöttin stützte. Ihr entsprach auf der anderen Seite die Personifikation der »Gerechtigkeit«, die in der Linken als ihr Attribut eine Waage hielt und mit der anderen Hand auf den Glaubensschild wies. Ein strahlender Nimbus hinterfing diese Dreiergruppe und erhöhte sie zu einer überirdischen Erscheinung.

Zu Seiten des Streitwagens sprengten die Apokalyptischen Reiter heran: nach links der »Hunger« mit seiner leeren Waage und der »Tod« mit der geschwungenen Sense, nach rechts der »Krieg« mit seiner Lanze und die »Pest« mit Pfeil und Bogen (nach der Offenbarung des Johannes 6,1–8) – Figuren, die in einer zeitgenössischen Beschreibung als »Trabanten und ausübende Kräfte der Bellona« bezeichnet worden sind.[101] Sie setzten über ihre Feinde hinweg: über die »verblendeten Widersacher menschlicher Ordnung und Gesetzes auf Erden«, über die »feindlichen Mächte, welche die Burg der Gerechtigkeit belagert haben«.[102]

Die niedergeworfenen Gegner zeigte Geselschap in den beiden Gruppen des Vordergrundes. Links duckte sich vor dem Angriff zwischen den Leibern Erschlagener und Fallender der babylonische Drache (nach der Offenbarung des Johannes 17) als das Symbol des Bösen – genauer: als das Symbol Frankreichs, das damals mehr als einmal mit »Neubabel« bezeichnet wurde. Von dem Ungeheuer stürzte das »feindliche Königspaar« herab – womit zweifellos das französische Kaiserpaar gemeint war.[103] Rechts sah man Kämpfende, sich mit letzter Kraft zur Wehr Setzende zwischen

Abb. 32 Friedrich Geselschap, Entwurf zum »Krieg«.

[101] Donop, S. 18.
[102] Donop, S. 18, und Jordan, Geselschap, S. 27.
[103] Als »feindliches Königspaar« bez. bei Jordan, Geselschap, S. 27, und Daun, wie Anm. 95, S. 469.

Abb. 33 Friedrich Geselschap, Der Frieden, 1890. Herrscherhalle.

den Körpern toter Gefährten, Fackeln des Aufruhrs noch in Händen haltend. Man erkannte Wolfsfelle als Bekleidung, als Waffen einen Spieß und einen mächtigen Stein; zu dieser elementaren Auffassung des gemeinten Ereignisses – des deutsch-französischen Krieges – paßte nicht zuletzt auch die öde Felskulisse an den Rändern des Bildfeldes.

»Der Frieden«

Der Allegorie des »Krieges« folgte auf der Südwand die des »Friedens«.[104] *Abb. 33*

Unter dem hohen Gewölbe einer antikisierenden Hallenarchitektur erschien der *Abb. 34* Genius des Friedens: ein Jüngling mit einem Palmzweig in der Linken, eben seinen auf Wolken schwebenden Siegeswagen verlassend. Er wurde hinterfangen von einer Gloriole, in deren Strahlen fünf Cherubim als göttliches Ehrengeleit zu sehen waren. Vier singende Engel begleiteten die Hauptgestalt, zwei Spruchbänder mit den Worten »Ehre sei Gott in der Höhe/Frieden auf Erden« (Lukas 2,14) in Händen haltend; sechs Genien mit Lorbeer- und Blütenkränzen, mit Palmzweig und Tuba, schwebten seitlich voraus. Es waren die »göttlichen, geflügelten Boten..., welche nicht nur den Völkern das Ende allen Streits verkünden, sondern auch Lorbeergewinde für die Helden bereithalten«.[105]

Neben diesen »geflügelten Boten« erschienen antikisierend gerüstete Krieger, aus dem Felde heimkehrend und nun von ihren Angehörigen begrüßt. Rechts vorn war

Abb. 34 Friedrich Geselschap, Entwurf zum »Frieden«.

Belege für die Bezeichnung Frankreichs und Paris mit »Welsch-Babylon« u. ä. bei H. Zimmer, wie Anm. 85, S. 120.

104 Vgl. Kat. Nr. 22.

105 H. Vollmar, in: Der Bär 16, 1890, S. 366.

Abb. 35 Friedrich Geselschap, Aufnahme der Gefallenen nach Walhalla, 1890. Herrscherhalle.

eine vom Rücken gesehene, mit der Linken Rosen streuende, in der Rechten eine Leier haltende Gestalt zu erkennen – gemeint zweifellos als Verkörperung der Festlichkeit dieser Rückkehr. Ihr entsprach motivisch ganz links eine Schar musizierender Kinder.

Einzelne Figuren und Gruppen waren ausdrücklich durch Attribute wie Sense und Ährenbündel, Hirtenstab und Ruderblatt als Vertreter des arbeitenden Volkes charakterisiert. Daß sie hier neben Frauen und Kindern erschienen, läßt sich zweifach deuten: als Angehörige der Heimkehrenden sollten sie anzeigen, aus welchen Schichten der Bevölkerung sich die Armee rekrutierte; zugleich hatten sie den Beitrag der Daheimgebliebenen zum siegreich beendeten Krieg zu verkörpern.

Im Zentrum des Vordergrundes, neben einer Begrüßungsszene, kniete einer der Krieger. Er legte seine Waffe bei einem aus Helm, Schwert und Palmwedel gebildeten »Stilleben« nieder und wandte sich zugleich einem vor ihm liegenden Bauplan zu: »... denn nun in der Friedenssonne werden Wissenschaft, Handel und Künste von neuem erblühen.«[106]

Wie in den anderen Allegorien hatte Geselschap auch hier einen versteckten Hinweis auf die Aktualität der Darstellung gegeben: er zeigte unterhalb der Wolkenbank die in weiter Ferne liegende bergige Landschaft des Rheintals mit der Burg Drachenfels. Er hatte damit auf einen seit 1871 in der Denkmalskunst geläufigen Topos zurückgegriffen, in dem der Rhein in Anlehnung an den Titel der 1813 erschienenen

Abb. 36 Friedrich Geselschap, Entwurf für die »Walhalla«.

[106] H. Vollmar, wie Anm. 105, S. 366.

Schrift Ernst Moritz Arndts als »Deutschlands Strom, nicht Deutschlands Grenze« verstanden sein sollte.[107] Es wurde dem Betrachter so ein lange ersehntes Ergebnis des Frankreichfeldzuges, nämlich die Eroberung des Rheins, als ein »nunmehr gesicherter Kampfpreis des siegreichen Krieges« vor Augen geführt.[108]

»Walhalla«

Abb. 35 *Abb. 36* Auf der Westwand der »Herrscherhalle« schließlich war die Darstellung der »Walhalla« zu sehen, bei deren Komposition Geselschap sich ganz unmittelbar von Raffaels »Disputa« in der Stanza della Segnatura und Cornelius' Münchner »Jüngstem Gericht« hatte anregen lassen.[109]

Auf einem erhöhten, von einer Engelsgloriole umstrahlten Podest thronte der »Genius der Unsterblichkeit«, der eben mit seiner Tuba die Stunde der Totenerwekkung verkündet hatte.[110] Ihn umringten auf den Thronstufen Fürsten und Kaiser der germanischen Frühzeit bzw. des Mittelalters: links sah man Hermann den Cherusker mit seinem charakteristischen Attribut, dem allerdings unhistorischen Flügelhelm, sowie Heinrich I., Heinrich II. und Otto den Großen; auf der rechten Seite waren Karl der Große, Arnulf von Kärnten, Friedrich I. Barbarossa und Heinrich VI. dargestellt.[111]

Um diese Mittelgruppe hatte Geselschap die Kriegshelden der preußischen Geschichte versammelt. Im weiten Halbrund saßen, in antikisierende Gewänder gehüllt und lorbeerbekränzt, auf einer steinernen Bank der Große Kurfürst, Derfflinger, Seydlitz, York, Scharnhorst und Körner (links), Friedrich der Große, Prinz Heinrich, Friedrich Wilhelm III., Blücher, Gneisenau und Zieten (rechts; von vorn nach rückwärts beschrieben). An die rechte Gruppe wandte sich Barbarossa, um die alte Reichskrone darzubieten – waren es doch, so die Bedeutung dieses Motivs, »die großen Söhne von Brandenburg und Preußen (gewesen), welche das Wiederaufleben der deutschen Kaisermacht« vorbereitet hatten, wie es das »borussianische« Geschichtsbild wollte.[112]

Im Vordergrund sah man, wie die »Helden der neuen Zeit« von geflügelten Walküren erweckt und zu den »Herrlichen der Vorzeit« emporgetragen wurden.[113] Alle waren in idealisierender Weise durch Waffen und Rüstungen als Krieger gekennzeich-

---

[107] Vgl. dazu H. Zimmer, wie Anm. 85, S. 93ff. mit vielen Beispielen aus der patriotischen Lyrik des 19. Jahrhunderts. Hinweise auf die Rheinsymbolik in der offiziellen Kunst der Zeit: M. Arndt, wie Anm. 21, S. 186f.

[108] Jordan, Geselschap, S. 33.

[109] Vgl. Kat. Nr. 23. – Im Hinblick auf die Orientierung an Raffaels Disputa vgl. die thronende göttliche Gestalt, den Strahlennimbus mit den Cherubim, die Reihe der im Halbkreis um die göttliche Erscheinung Sitzenden.

[110] So beschrieben bei Jordan, Geselschap, S. 33.

[111] So die Benennungen bei Jordan, S. 33.

[112] Donop, S. 22. – Zur Interpretation s. u.

[113] Jordan, S. 33.

net. Rechts am Bildrand erkannte man in den Armen dreier Walküren Wilhelm I., im Angesicht seiner Ahnen und seiner politischen Vorläufer erwachend. Inmitten der Krieger links wurde Friedrich III., lorbeerbekränzt und im Küraß, zur Heldenversammlung emporgetragen; in der erhobenen Linken wies er die neue Reichskrone wie im Triumph vor.[114] Weiter links führte eine Walküre den Prinzen Anton von Hohenzollern heran, der 1866 in der Schlacht bei Königgrätz den Tod gefunden hatte.[115]

Geselschap war es in dieser Allegorie darum gegangen, die Vorstellung von einer Erhebung auserwählter Toter in eine überirdische Sphäre zu veranschaulichen. Er nannte sein Bild »Walhalla« und knüpfte damit an die nordische Mythologie an, nach der Walhall als der Aufenthaltsort der im Kampfe gefallenen Krieger und toten Könige galt.[116] Dieser Ort im Jenseits war den »Helden bestimmt..., solchen Helden, welche sich durch ihre Tapferkeit den Weg zur Ehre gebahnet, und selbst ihr Leben dem allgemeinen Besten des Vaterlandes aufgeopfert hatten«.[117]

Im Hinblick auf die Rahmenvorstellung: die Entrückung preußischer Herrscher und anderer gefallener Kriegshelden in eine Versammlung älterer Heroen der Geschichte, kam der nordische Mythos der Idee des Künstlers durchaus entgegen. Dennoch konnte Geselschap an dessen wörtliche Verbildlichung nicht denken – ist in der Überlieferung doch von »himmlischen Lustbarkeiten« der Toten in Walhall, von »Eßen und Trinken, scherzen und lieben, schlagen und balgen« die Rede![118] Eine diesen Vorstellungen folgende Szene hätte dem Gesamtprogramm der »Ruhmeshalle« und besonders auch der »Feldherrnhallen« in keiner Weise entsprochen, die dort angestrebte feierlich-pathetische Wirkung vielmehr auf das empfindlichste durchkreuzt.

Es lag daher für den Maler nahe, sich bei der Anlage seiner Komposition in anderer Richtung zu orientieren. Der christliche Bilderkreis bot dazu in Gestalt von Weltgerichtsdarstellungen Hilfe – handelte es sich bei diesem Thema doch um ein durchaus vergleichbares Ereignis, nämlich ebenfalls um eine Totenerhebung in einen außerirdischen Bereich. Daß Geselschap sich diesen inhaltlichen Zusammenhang tatsächlich zunutze gemacht hatte, beweisen die bereits kurz angedeuteten Beziehungen, die zwischen seiner Schilderung Walhalls und dem Jüngsten Gericht bestehen, das Peter Cornelius für die Münchner Ludwigskirche ausführte. Den von Cornelius gezeigten »Beisitzern« Christi entsprachen in dem Berliner Wandgemälde die im Halbkreis versammelten preußischen Kriegshelden, den Engeln dort, die die Auferstandenen emporgeleiten, die geflügelten Walküren hier. Auch das Auftauchen der Heroen aus Wolken läßt, wie Geselschap es vor Augen führte, an die Totenerweckung in Weltge-

---

114 Geselschap arbeitete spätestens seit Juli 1887 an diesem Gemälde. 1888 starben Wilhelm I. und Friedrich III. Der Künstler »aktualisierte« das Bild also, als er gleich nach dem Tode der beiden Kaiser deren Bildnisse in die Darstellung aufnahm. S. a.: ZfbK 1888, Kchr. Sp. 724.

115 Donop, S. 22. – Vgl. a.: Otto Kaemmel, Geschichte der neuesten Zeit, Leipzig 1898, S. 319.

116 Gustav Neckel, Walhall, Dortmund 1913, S. 33f.

117 Gottfried Schütze, Der Lehrbegriff der alten Deutschen und Nordischen Völker von dem Zustand der Selen nach dem Tode..., Leipzig 1750, S. 275.

118 Schütze, wie Anm. 117, S. 309.

Abb. 37 Friedrich Geselschap, Karton für die »Mäßigung«, um 1883. Herrscherhalle.

richtsbildern denken, nicht zu vergessen schließlich der Posaunenengel und die ihn umgebende Engelgloriole.

Die Kuppel-Medaillons

In den Kuppelpendentifs der »Herrscherhalle« waren in vier Rundmedaillons die
Abb. 37 »Kardinaltugenden« (so zeitgenössische Beschreibungen) »Tapferkeit«, »Gerechtig-
Abb. 38 keit«, »Weisheit« und »Mäßigung« dargestellt.[119] Die künstlerischen Vorbilder für diese monumental aufgefaßten, über Wolken thronenden und von jeweils einem Putto begleiteten Sitzfiguren hatte Geselschap wiederum in Werken Raffaels und Michelangelos gefunden. Raffaels Darstellungen der Theologie, Philosophie, Gerechtigkeit und Poesie an der Decke der Stanza della Segnatura standen ihm zweifellos vor Augen als er seine Tondi entwarf: die Anordnung der einzelnen Sitzfiguren in einem Rundbild, die Idee, diese Gestalten auf Wolken thronen zu lassen, und der Gedanke, ihnen Putten beizugeben, sind als vergleichbar zu nennen. Auf der anderen Seite ist eine deutliche Orientierung an Michelangelos Propheten und Sibyllen in der Sixtinischen Kapelle nicht zu verkennen: das gilt nicht nur im Hinblick auf die plastische Körper-

---

[119] Jordan, S. 23f. – CdB 1883, S. 117. – Vgl. Kat. Nr. 24–27.

Abb. 38 Friedrich Geselschap, Entwurf für die »Mäßigung«.

fülle der Figuren, sondern auch für die Ähnlichkeit der Physiognomien (vgl. etwa die delphische Sibylle) und die Verwandtschaft einzelner Bewegungsmotive.[120]

Die vier Tugenden sollten deutlich machen, daß »nur den höchsten moralischen Eigenschaften der Fürsten der Ruhm und der Erfolg zuteil wird, den die Bilder der Decke und Wände« veranschaulichten.[121] Diese Funktion innerhalb des Programms der »Herrscherhalle« war im übrigen bei den Figuren von Gerechtigkeit und Mäßigung durch die Kopfwendung und die Blickrichtung hinunter auf die Regentenstandbilder und die historischen Szenen besonders hervorgehoben worden.

---

[120] Vgl. z. B. das Sitzmotiv der erythräischen und persischen Sibylle mit dem der »Mäßigung« und »Tapferkeit«; im Hinblick auf die den Tugenden beigegebenen Genien ist auf Michelangelos Schildhalter an der Decke der Sixtinischen Kapelle hinzuweisen. Im übrigen begegnet das Motiv des buchhaltenden Putto bei Geselschaps »Gerechtigkeit« auch bei Michelangelo: vgl. den Propheten Daniel an der Decke der Sixtinischen Kapelle.

[121] Jordan, Geselschap, S. 24. – Unterhalb der Medaillons verdeckten vier bronzierte Stuckschilde die Ansätze der vier Eckzwickel. Sie waren mit Reliefs geschmückt, in denen »die in dem entsprechenden Zwickelgemälde verkörperte Regententugend durch die Handlung eines Herrschers veranschaulicht« wurde (vgl. die Beschreibung in der Vossischen Ztg. vom 9. 11. 83, Morgenausgabe) Die Entwürfe für diese Schilde lieferte Otto Lessing: DBZ 1881, S. 428.

Der Triumphzug

Abb. 39 Der etwa 4 m breite und ca. 70 m lange Fries, der den inneren Kuppelring umzog, stellte einen sich auf Wolken bewegenden Triumphzug dar.[122] Kriegsaufbruch, Unterwerfung der Feinde und Bekränzung der Sieger waren in ihm in verschiedenen Gruppen verkörpert.

Auf den ersten Blick scheint es, als habe der Maler jede Anspielung auf aktuelle Ereignisse vermieden. Sein Ziel ist offenbar eine idealisierende Überhöhung des Krieges schlechthin gewesen: die hochpathetischen Distichen von Julius Wolff, die Geselschap auf vier Inschriftkartuschen unterhalb des Frieses wiedergab (s. u.), bestätigen das.[123] Selbstverständlich aber waren mit diesem Triumphzug preußische Kriege und Siege gemeint. Das ergab sich für den damaligen Betrachter zwingend aus dem Kontext, dem Gesamtprogramm; das zeigte sich ferner in dem Ornamentfries, der den Siegeszug nach oben hin begrenzte. Dort erschienen auf einem gemalten Velum girlandentragende Preußische Adler mit Blitzbündeln in den Fängen.

Darüber hinaus hatte Geselschap seinem Triumphzug durch die Verwendung eines in der politischen Ikonographie jener Jahre beliebten Motivs eine aktuelle, unmittelbar zeitbezogene Bedeutung gegeben. Oberhalb des gefangenen Königspaares (s. u.) zeigte er einen Adler (den Reichsadler oder das preußische Wappentier), der einem davonfliegenden Raben nachblickte. Er wollte damit zweifellos auf den siegreichen Kampf Deutschlands gegen Frankreich verweisen: gemeint war die in freier Anlehnung an die alte Kyffhäuser-Sage entwickelte Vorstellung, wonach die »welschen« Raben, die die Höhle Barbarossas umflattert hatten, 1871 durch den Reichsadler (oder auch den preußischen Adler) verscheucht worden waren. In verschiedenen zeitlich parallelen Beispielen (Gemälden von Hermann Wislicenus, Anton von Werner und Adalbert von Rössler) hatte man auf diese Weise die Reichsgründung von 1871 versinnbildlicht.[124]

Dem Eingang gegenüber, also an der Nordseite, setzte der Fries mit dem »Kriegsaufbruch« ein, unter dem man die Worte las: »Weithin schmettert das Horn, aufbie-

---

[122] S. KfA 2, 1887, S. 20. – Zur Beschreibung dieses zwischen 1879 und 1883 entstandenen Frieses: Gartenlaube 1881, S. 247. – DBZ 1881, S. 428. – ZfbK 1882, Kchr. Sp. 314; ebda 1883, Kchr. Sp. 451; ebda 1884, Kchr. Sp. 729f. – CdB 1883, S. 117. – A. Rosenberg, in: Grenzboten 45, 1886, Bd. 3, S. 263f. – ZfbK NF 7, 1895/6, S. 18. – Donop, S. 13ff. und Tf. nach S. 24. – KfA 14, 1898/9, S. 148. – Jordan, Geselschap, S. 20ff. und Abb. 11–21. – Die christliche Kunst 13, 1916/7, S. 110f. – Im Hinblick auf die Orientierung Geselschaps an Raffael vgl. etwa den tubablasenden, ein Feldzeichen tragenden Krieger im Gefolge des »Siegers zur See« (Abb.: Jordan, Geselschap, Abb. 12) mit dem vorderen der drei Rächer aus der »Vertreibung des Heliodor« in der stanza d'Eliodoro. – In den Staatlichen Museen zu Berlin, Nationalgalerie, Slg. d. Handzeichnungen sind Akt- und Gewandstudien sowie Kompositionsskizzen erhalten: Geselschap Nr. 3–30, 123. Der Karton zum Kopf der Kalliope in der Kunstsammlung der Universität Göttingen.

[123] Abgedr. bei: Joseph Lauff (Hrsg.), Julius Wolff, Sämtliche Werke, Bd. 14, Leipzig 1913, S. 375f. – Die Anordnung der Verse ergibt sich aus Tf. 1 bei Donop.

[124] Vgl. M. Arndt, wie Anm. 21, S. 295ff. – Der Triumphzug als Verkörperung »deutscher Siege« bezeichnet bei: Donop, S. 13; ZfbK 19, 1884, Kchr. Sp. 729.

Abb. 39 Friedrich Geselschap, Triumphzug, 1883. Herrscherhalle.

tend den riesigen Heerbann,/und um die Rufer im Streit schart sich in Waffen das Volk.« Die Muse des Heldengesangs, Kalliope, mit der Tuba und dem Löwen als dem Symbol für Stärke, entließ die Krieger.[124] Sie zogen den »Sieger zur See«, auf einem Schiffsschnabel stehend und durch die Attribute Schiffsruder und Poseidon-Statuette charakterisiert. Cymbelschlägerinnen und hornblasende Krieger, Feldzeichen tragend, folgten dem Zug.

»Eiserne Würfel des Krieges, von sterblichen Händen geworfen,/rollen in tobender Schlacht, aber ein Ewiger lenkt«: die diesen Versen zugeordnete Gruppe zeigte die Unterworfenen. Auf einem Dreigespann sah man ein in Ketten gelegtes, über die Niederlage in Trauer versunkenes Königspaar (das französische Kaiserpaar?, vgl. S. 63), das von der schwebenden Gestalt des stabbrechenden Fatums und einem Adler *Abb. 40* (dem Reichsadler oder dem preußischen Adler) begleitet wurde. Hinter dem Wagen zogen klagende Gefolgsleute her, darunter eine Frau mit einem Kind im Arm (eine Amme mit dem Königskind?). Melpomene mit ihren Attributen Larve und Dolch folgte als die Verkörperung des Trauerspiels, umgeben von düster wirkenden Gestalten als Personifikationen des Unglücks. Ein Rabe, das bereits erwähnte Sinnbild Frankreichs, flatterte über ihnen davon.

Auf der Südwand stand der Kalliope die Gestalt der Geschichte gegenüber; neben ihr sah man Chronos, das Rad der Zeit drehend. Wie eben im Aufzeichnen der Ereignisse unterbrochen, blickte Klio von ihrer Tafel empor und zurück auf die Besiegten. Die Verse darunter leiteten zur nächsten Gruppe weiter: »Festlich auf Pfaden des Ruhms zieht ein der gesegnete Friede, / und den beglückenden Hort hütet dem Reiche das Schwert.« Bellona, umgeben von Kriegern zu Pferde und selbst hoch zu Roß, hielt als Sinnbild für den gewonnenen Krieg die Krone der Unterworfenen triumphierend in die Höhe. Ihr Pferd wurde vom palmzweigtragenden Genius des Friedens geführt; eine rosenstreuende weibliche Gestalt schwebte voran. Gemeinsam mit einer Leierspielerin bildete sie die Verbindung zur letzten Gruppe des Zuges, der die Verse beigefügt waren: »Herrlich schmücket den Helm der Kranz des errungenen Sieges, / doch dem Vaterland streut purpurne Rosen der Tod.«

Hier wurde der siegreiche Feldherr, auf einer Quadriga stehend, von der palmzweigtragenden, friedenbringenden Viktoria bekränzt. Ein Adler – als das preußische Wappentier zu deuten – flog dem Triumphator voran; Krieger mit Waffen und erbeuteten Feldzeichen folgten.

Abb. 40 Friedrich Geselschap, Detail aus dem »Triumphzug«, 1883. Herrscherhalle.

Abb. 41 Friedrich Geselschap, Entwurf für den Mosaik-Fußboden der Herrscherhalle.

Geselschap hatte seinen Kuppelfries nicht als einen gleichmäßig umlaufenden Zug konzipiert, sondern um der Überschaubarkeit der Komposition willen deutliche Zäsuren geschaffen. Die Nord-Süd-Achse war durch die isolierten Figuren der Kalliope bzw. der Geschichte markiert, so daß der Zug in zwei Gruppen unterteilt erschien. Doch bildete sich kein harter Einschnitt: die horizontal gelagerte Gestalt des Chronos bzw. der Löwe sowie Blicke und Gesten der Kalliope und Klio wirkten im Sinne einer fließenden Verbindung. Auf welche Weise der Künstler im Ganzen vorwärtsdrängende und retardierende Figuren bzw. Gruppen miteinander verwoben hatte, soll im Rahmen dieser Arbeit nicht weiter analysiert werden.

Das Programm der Herrscherhalle erstreckte sich bis in die Gestaltung des Fußbodens und der unteren Wandzonen hinein. Den rötlich-gelben Terrazzo-Boden hatte man durch einen Steinmosaik-Fries gegliedert, der die Kreisform der Kuppel wiederholte. In den sich ergebenden Eckzwickeln waren – nach Entwürfen Geselschaps – in vier Szenen allegorische Darstellungen des menschlichen Kampfes gegen das Böse, verkörpert im Ringen mit einem Bär, einem Hirsch, einem wilden Pferd und einem Stier, wiedergegeben.[125] Das untere Drittel der Wände hatte eine Verkleidung aus *Abb. 41*

[125] DBZ 1881, S. 395, 428. – Gartenlaube 1881, S. 247. – Der hier abgebildete Entwurf (s. a. Jordan, Geselschap, Abb. 49) befindet sich in den Staatl. Museen zu Berlin, Nationalgalerie, Slg. d. Handzeichnungen, Geselschap Nr. 112 (Rötel auf Pauspapier; 41,4 × 30,0 cm).

Abb. 20 Stuckmarmor erhalten; in sie waren Bronzeschilde eingelassen, die – nach Entwürfen Otto Lessings – in flachem Relief die Erziehung eines Knaben zum Krieger vor Augen führten.[126]

Die »Feldherrnhallen«

Abb. 42 Wie im zentralen Kuppelraum hatte Hitzig in den beiden kreuzgewölbten, durch Oberlichter erhellten »Feldherrnhallen« die Fenster sowie je einen Wandabschnitt vor den ovalen Ecktreppenhäusern durch vorgesetzte Innenmauern verblendet. Auf diese Weise ergaben sich in jeder Halle sechs oben rundbogig abschließende Flächen für Historiengemälde. Die beiden in den Mittelschiffsachsen liegenden Abschnitte waren zu flachen Rundbogen-Nischen ausgebildet worden und boten Skulpturen Raum.

Die Historienbilder

Das Programm der insgesamt zwölf Historienbilder lief auf eine Glorifizierung brandenburgisch-preußischer Waffentaten hinaus: es führte dem Publikum bedeutende kriegerische Ereignisse aus der Geschichte der Armee seit dem späten 17. Jahrhundert, d. h. seit der Regierungszeit des Großen Kurfürsten, vor Augen. In deutlichem Unterschied zu den Wandgemälden Geselschaps kam hier die ausgeprägt realistische Tendenz der Zeit über alle individuellen Stilzüge der beteiligten neun Maler hinaus zur Geltung. Die Absicht war ohne Zweifel, auf diese Weise, durch frappierende Vergegenwärtigung der historischen Ereignisse, dem Betrachter das »borussische« Geschichtsbild ohne Umwege nacherlebbar zu machen (s. u.).[127]

Der Zyklus bestand nicht aus immer ähnlichen, panoramaartig aufgefaßten Schlachtendarstellungen. Es wurden vielmehr gleichsam in Großaufnahme bestimmte Ausschnitte aus dem jeweiligen Geschehen veranschaulicht, wobei die preußischen Herrscher und gelegentlich auch einzelne Feldherrn (Leopold von Anhalt-Dessau, Zieten, Blücher) in den Vordergrund traten. So kam es zu einer von Gleichförmigkeit weit entfernten Vielfalt von Szenen und damit zu einer umso stärkeren Lebendigkeit der Wirkung. Entscheidend war aber wohl vor allem die Absicht, dem Besucher auf diese Weise im Sinne der monarchischen Idee und der Überzeugung, daß »Männer Geschichte machen«, die eigentlichen »Kriegshelden« vor Augen zu führen.

Die Abfolge der chronologisch angeordneten Gemälde setzte an der Nordwand der westlichen Halle mit der Darstellung der Schlacht bei Fehrbellin ein; sie wurde an deren West- und Südseite fortgeführt und leitete über die Süd- und Ostwand der

---

[126] DBZ 1881, S. 428. Die Schilde verdeckten Türen, durch die man an die Fenster hinter den Blendmauern gelangen konnte.

[127] Vielleicht war diese Stilrichtung auch von Wilhelm I. ausdrücklich gefordert worden. Sicher ist jedenfalls, daß er den Realismus etwa eines Anton v. Werner besonders schätzte: vgl. Gebhard Zernin, Kaiser Wilhelm als Freund der Künste, in: KfA 1888, S. 220ff., bes. S. 222.

östlichen Halle zu deren Nordseite. Dort fand sie mit der an die »Herrscherhalle« grenzenden Darstellung der französischen Kapitulation nach der Schlacht bei Sedan ihren Abschluß.

Die beiden ersten Bilder »Schlacht bei Fehrbellin, 1675« (P. Janssen) und »Übergang über das Kurische Haff, 1679« (W. Simmler) galten zwei militärischen Erfolgen des Großen Kurfürsten, der denn auch anfeuernd zu Pferde, bzw. in Herrscherpose auf dem Schlitten stehend, das Zentrum der Darstellungen bildete. Mit dem Sieg über die schwedischen Truppen bei Fehrbellin war ein Ereignis zur Anschauung gebracht, das die »Siegeslaufbahn des brandenburgisch-preußischen Staates« eröffnete (wie es im amtlichen Führer hieß), während die winterliche Verfolgungsjagd über das Kurische Haff die Sicherung der Mark Brandenburg gegen die Schweden vor Augen führen sollte. Beide Waffentaten vergegenwärtigten »kriegerische Bravourstücke« des Gro- *Abb. 43*

Abb. 42 Östliche Feldherrnhalle.

Abb. 43 Wilhelm Simmler, Übergang über das Kurische Haff, 1886.
Westliche Feldherrnhalle.

ßen Kurfürsten und konnten als Zeugnisse für die Kampfkraft der brandenburgischen Armee gelten.[128]

Es folgte die »Schlacht bei Turin, 1706« (H. Knackfuß), ein Geschehen aus der Regierungszeit Friedrichs I., das den entscheidenden Anteil preußischer, dem Kaiser verbündeter Hilfstruppen bei der »Befreiung« Oberitaliens im spanischen Erbfolgekrieg zum Inhalt hatte. Hier war, dem Ereignis entsprechend, die zentrale Gestalt der Komposition Fürst Leopold von Anhalt-Dessau, der auf sprengendem Pferd inmitten des Kampfgetümmels erschien, um den Sieg über die Franzosen herbeizuführen. Im Gegensatz zu allen übrigen Historienbildern handelte es sich um ein Geschehnis ohne zentrale Bedeutung für die Entwicklung Preußens.[129] Wenn man es dennoch wählte, so geschah es vermutlich, um im Zyklus der Kriegsdarstellungen die Regierungszeit Friedrichs III./I. nicht überspringen zu müssen – spielte dieser Fürst doch begreiflicherweise in der »Herrscherhalle« eine entscheidende Rolle: es sei an das Bild der *Abb. 25* Königskrönung in Königsberg an der Nordwand jenes Raumes erinnert. Im übrigen konnte die Szene aus der Schlacht von Turin natürlich auch als Hinweis auf die damalige Schlagkraft der preußischen Armee interpretiert und insofern dem größeren Ganzen eingeordnet werden.

---

[128] Hintze, S. 237. Vgl. Kat. Nr. 64, 65.

[129] Allerdings betraf es die Erfüllung der Bündnispflicht, die ja zur Erhebung Preußens zum Königreich geführt hatte. Vgl. Kat. Nr. 66.

Abb. 44 Peter Janssen, Schlacht von Hohenfriedberg, 1890.
Westliche Feldherrnhalle.

In der weiteren Abfolge des Zyklus ergab sich nun eine auffällige »Lücke«: es fehlte eine Darstellung aus der Epoche Friedrich Wilhelms I., den man doch als den »eigentlichen Schöpfer der preußischen Armee« mit ihrer »monarchischen Disziplin« und ihrem »militärischen Drill« pries, und dem man als dem größten »inneren« König für die staatliche Entwicklung Preußens mit Recht einen besonderen Rang zuwies.[130] Hier kam die Konzentration des Programms ausschließlich auf kriegerische Ereignisse als Selbstbeschränkung zum Ausdruck: es hatte in der Regierungszeit des außenpolitisch friedfertigen Soldatenkönigs keine militärischen Auseinandersetzungen von Bedeutung gegeben!

Großen Siegen Friedrichs II. galten die drei übrigen Wandbilder der westlichen »Feldherrnhalle«. Sie sollten mit Szenen aus den Schlachten von Hohenfriedberg, *Abb. 44*
1745 (P. Janssen), Leuthen, 1757 (F. Roeber) und Torgau, 1760 (P. Janssen) die *Abb. 45*
Kämpfe dieses Königs um den Besitz von Schlesien, ja schließlich um die Existenz des preußischen Staates überhaupt, zeigen.[131] Im Falle von Hohenfriedberg handelte es sich um einen während des Zweiten Schlesischen Krieges errungenen Sieg, der als eine der glänzendsten Waffentaten Friedrichs bezeichnet wurde. Die beiden anderen Darstellungen betrafen den Siebenjährigen Krieg und erinnerten an die bedrängte Lage, in

---

[130] Hintze, S. 282.
[131] Kat. Nr. 67, 68, 69.

Abb. 45 Peter Janssen, Schlacht von Torgau, 1888. Westliche Feldherrnhalle.

der sich Preußen damals befunden hatte. In der als »Schlacht von Leuthen« eigentlich unzutreffend bezeichneten Szene sah man Friedrich II. bei seiner berühmten Ansprache, die er zwei Tage vor der als aussichtslos angesehenen, dann aber doch gewonnenen Schlacht an seine Offiziere gerichtet hatte. Am Schluß seiner zu Mut, Standhaftigkeit und Vaterlandsliebe auffordernden Rede hatte er den Anwesenden freigestellt, ohne Furcht vor Nachteilen den Dienst zu quittieren – ein Angebot, das von Niemandem in Anspruch genommen worden war. Das Bild sollte also sicherlich nicht nur für die – trotz der zunächst hoffnungslosen Lage dennoch erreichte – Behauptung Schlesiens, sondern auch für die unbedingte Treue der Armee zum König stehen. Das Bild
Abb. 45 der gegen Österreich gewonnenen Schlacht von Torgau könnte in ähnlichem Sinne gemeint gewesen sein. In ihm war der König nicht als strahlender Sieger, sondern als der tiefbewegte Monarch gezeigt, der nach dem nicht mehr erwarteten Sieg Zieten als dem Retter in großer Dankbarkeit entgegeneilte.

Abb. 26 An diese drei Schlachtendarstellungen schloß sich chronologisch wie räumlich in
Abb. 27 der »Herrscherhalle« die Friedrich II. geltende Huldigung der Schlesischen Stände an (s. o.). Es folgte, rechts neben dem Eingang in den Kuppelraum, der »Aufruf ›An Mein Volk‹, 1813« (s. o.), eine Szene, die zu den Wandbildern der östlichen »Feldherrnhalle« überleitete. Wieder hatte also der historische Zyklus die Regierungszeit eines preußischen Herrschers übersprungen: dem außenpolitisch wenig erfolgreichen

Abb. 46 Werner Schuch, Völkerschlacht bei Leipzig, 1888.
Östliche Feldherrnhalle.

König Friedrich Wilhelm II. ließen sich keine glanzvollen Waffentaten zuschreiben, er war daher in dem Schlachtenzyklus nicht vertreten.

Die Gemälde in der östlichen »Feldherrnhalle« galten Ereignissen aus den Befreiungs- und Einigungskriegen; sie führten in die Gegenwart des »kleindeutschen« Kaiserreichs hinein, wie es zentral im Programm der »Herrscherhalle« veranschaulicht wurde (nämlich in der realistisch wiedergegebenen »Kaiserproklamation 1871« *Abb. 28*
Anton v. Werners und der Allegorie der »Wiedererrichtung des deutschen Kaiserreiches 1871« von Friedrich Geselschap). *Abb. 29* Die Darstellungen setzten mit der »Völkerschlacht bei Leipzig, 1813« (W. Schuch) und der »Schlacht von Belle-Alliance, 1815« (G. Bleibtreu) als den zwei entscheidenden Siegen über Napoleon I. ein. Diese beiden Gemälde standen also für die Erhebung Preußens und die Wiedergewinnung seiner politischen Stärke. Dabei sollte das Bild der Völkerschlacht, das Friedrich Wilhelm III., Franz I. und Alexander I. bei der Beobachtung des Kampfes zeigte, sicherlich *Abb. 46*
nicht zuletzt den damals erreichten »Höhepunkt in dem kriegerischen Zusammenwirken der Verbündeten« und somit Preußen nachdrücklich als eine der europäischen Großmächte vergegenwärtigen.[132] Die Szene bei Waterloo andererseits, die das Alles entscheidende Eingreifen Blüchers schilderte, war wohl vor allem als ein besonders

132 Hintze, S. 481. Vgl. Kat. Nr. 70, 71.

nachdrücklicher Hinweis auf den großen Anteil Preußens am Sieg über Frankreich zu verstehen.

In der Abfolge der historischen Szenen gab es nun abermals einen Sprung: ein Ereignis aus der Epoche Friedrich Wilhelms IV. war nicht zur Anschauung gebracht. Der Grund dafür ist wieder im Programm des Zyklus mit seiner Glorifizierung ausschließlich kriegerischer Höhepunkte zu suchen. Die Regierungszeit des an militärpolitischen Fragen kaum interessierten, in internationale Kriege nicht verwickelten »Romantikers auf dem Thron« eignete sich für eine Darstellung in diesem Rahmen nicht!

Die Bilderreihe der östlichen »Feldherrnhalle« fand mit zwei Ereignissen aus den Kämpfen von 1864 und 1866 ihre Fortsetzung. Dem Kriege Österreichs und Preußens gegen Dänemark war die »Erstürmung der Düppeler Schanzen, 1864« (E. Roeber) gewidmet. Damit sollte unterstrichen werden, daß es ein entscheidendes Verdienst Preußens gewesen war, wenn »Schleswig-Holstein ... nach langen Leiden von der Fremdherrschaft befreit und für Deutschland zurückgewonnen« werden konnte.[133] Prinz Friedrich Karl, der den Sturm auf die schwer zu erobernden Befestigungen von Düppel geleitet hatte, wurde in dem Gemälde als siegreicher Feldherr gefeiert. Zugleich aber hatte das Bild vermutlich auch für die Leistungsfähigkeit der neuorganisierten Armee zu stehen. »Die preußischen Truppen legten (bei Düppel) zum erstenmal seit der Heeresreform eine glänzende Probe ihrer Tüchtigkeit im Felde ab, die dem preußischen Namen wieder Achtung in der Welt verschaffte« – so charakterisierte Otto Hintze diesen erfolgreichen Sturmangriff auf die feindlichen Stellungen.[134]

Abb. 47 Die Darstellung der »Schlacht bei Königgrätz, 1866« (E. Hünten) feierte den Sieg Preußens um die Vorherrschaft in Deutschland: mit der von Hünten wiedergegebenen Begegnung des preußischen Königs Wilhelm mit dem Kronprinzen im Beisein von Bismarck, Moltke und Roon, am Abend der siegreichen Schlacht, sollte die eben errungene Vorrangstellung Preußens, auf deren »Grundlage (erst) Deutschlands Wiedergeburt möglich« geworden war, dem Publikum zur Anschauung gebracht werden.[135] Hier präsentierte sich der erste künftige Kaiser der Hohenzollern mit seinem Nachfolger, dem späteren Friedrich III., und seinen »Paladinen« (die an dieser Stelle in gleicher Weise vereint erschienen wie in der Reichs-Allegorie der »Herrscherhalle«).

Es schlossen sich zwei Szenen aus dem deutsch-französischen Krieg 1870/71 an. Mit dem »Sturm auf St. Privat, 1870« (G. Bleibtreu) war ein Kampf zur Darstellung gekommen, der den Rückzug der feindlichen Armee in die Festung Metz erzwungen
Abb. 48 hatte. Das Bild »Nach der Schlacht bei Sedan, 1870« (C. Steffeck) führte das Kapitulationsangebot Napoleons III. und damit den endgültigen Sieg über Frankreich vor Augen.[136]

---

[133] Führer 1914, S. 15. Vgl. Kat. Nr. 72.
[134] Hintze, S. 589.
[135] Führer 1910, S. 27. Vgl. Kat. Nr. 73.
[136] Kat. Nr. 74, 75.

Abb. 47 Emil Hünten, Schlacht bei Königgrätz, 1886. Östliche Feldherrnhalle.

Abb. 48 Carl Steffeck, Nach der Schlacht bei Sedan, 1884. Östliche Feldherrnhalle.

Das für Preußen und Deutschland entscheidende Resultat dieses Krieges, die Errichtung des neuen deutschen Kaisertums, war in der »Herrscherhalle« (in Gestalt der *Abb. 28* Kaiserproklamation von 1871) gezeigt. Mit der Darstellung dieses Höhepunktes der preußischen Geschichte, mit der Gründung des neuen Kaisertums 1871, endete der gesamte historische Bilderzyklus.

Die Skulpturen

Abb. 42 Das Programm der beiden »Feldherrnhallen« hatte – in Analogie zur »Herrscherhalle« mit ihren Standbildern – durch Aufstellung von 32 überlebensgroßen Bronzebüsten brandenburgisch-preußischer Heerführer eine zusätzliche Akzentuierung erfahren. Waren in einigen Schlachtenbildern schon einzelne Feldherrn (wie Leopold von Anhalt-Dessau, Zieten, Blücher) hervorgehoben, d. h. besonders ausgezeichnet worden, so hatte man mit den auf hermenartigen Pfeilern postierten Büsten den Kreis der im Gemälde-Zyklus geehrten Generäle beträchtlich erweitert. Der Besucher sah sich mit den bedeutendsten Heerführern der letzten zwei Jahrhunderte konfrontiert. Die Dargestellten erschienen in den Uniformen ihrer Zeit und waren chronologisch, d. h. in Abstimmung mit den historischen Wandbildern plaziert. So konnte der Betrachter sich die Geschichte des preußischen Heeres, die an den Wänden in einzelnen Schlachten nachzuvollziehen war, vor den lebensnahen, realistisch aufgefaßten Büsten nochmals deutlicher vergegenwärtigen.

Im westlichen Ehrensaal waren sechzehn Porträts von Feldherrn des Großen Kurfürsten (Sparr, Derfflinger, Treffenfeld, Schoening), Friedrichs I., Friedrich Wilhelms I. und Friedrichs des Großen zur Aufstellung gekommen (L. v. Anhalt-Dessau, Schwerin, Winterfeldt, Keith, M. v. Anhalt- Dessau, Gessler, Seydlitz, Fouqué, Herzog Ferdinand von Braunschweig-Lüneburg-Wolfenbüttel, Prinz Friedrich Heinrich Ludwig von Preußen, Belling und Zieten). Die in der östlichen Halle versammelten sechzehn Büsten stellten Offiziere hohen und höchsten Ranges dar, die unter Friedrich Wilhelm III. (Prinz Louis Ferdinand von Preußen, de Courbière, Kalckreuth, Blücher, Yorck, Bülow, Tauentzien, Gneisenau und Kleist von Nollendorf), Friedrich Wilhelm IV. und Wilhelm I. gedient hatten bzw. noch im Dienst standen (Wrangel, Werder, Goeben, Moltke, Manteuffel, Prinz Friedrich Karl von Preußen, Kronprinz Friedrich Wilhelm von Preußen).[137]

Schließlich muß auf die vier überlebensgroßen Sitzfiguren hingewiesen werden, die vor den Rundbogennischen der »Feldherrnhallen« ihren Platz gefunden hatten. Waren in der »Herrscherhalle« die Regentenstatuen mit den Sinnbildern der »Kardinaltugenden« (in den Pendentifs) in Verbindung gebracht worden, so hatte man hier die Personifikationen vereint, die »den Sieg verbürgende Eigenschaften« verkörpern und damit auf die Bildnisse der Heerführer bezogen sein sollten.[138] In der westlichen Halle

---

[137] Kat. Nr. 32–63.
[138] Kat. Nr. 28–31. Das Zitat: CdB 1883, S. 102.

standen an der Nordwand die »Kriegswissenschaft« und an der Westseite die »Kraft« (beide von Reinhold Begas), während in der östlichen Halle an der Nordwand die »Treue« und an der Ostseite die »Begeisterung« (beide von Fritz Schaper) plaziert waren. *Abb. 49*

Die Figuren von Begas zeigten traditionelle Attribute. Schaper hingegen hatte mit Hilfe von ungebräuchlichen Kennzeichen eine Aktualisierung seiner Personifikationen zu erreichen versucht. Er versah die »Treue« mit Schwert, Szepter und Palmzweig sowie mit der neuen Kaiserkrone und charakterisierte die Figur damit als eine Verkörperung der dauernden Bereitschaft zur Verteidigung der Macht und der weiteren friedlichen Entwicklung des 1871 begründeten Reiches. Die Gestalt der »Begeisterung« erhielt nicht nur einen Eichenkranz (als ein »deutsches« Sinnbild) und ein Schwert, sondern auch einen mit dem Reichsadler geschmückten Schild: Attribute also, die den kampfbereiten Patriotismus in diesem neuen Reich symbolisieren sollten. *Abb. 49*

Abb. 49 Fritz Schaper, Begeisterung, 1883. Östliche Feldherrnhalle.

ZUR WEITEREN AUSGESTALTUNG DES ZEUGHAUSES

Auch nach der Eröffnung der Museumsräume 1883 und der endgültigen Vollendung der Ehrenhallen 1891 war man um eine Vervollständigung der Sammlungen und eine Erweiterung des Programms bemüht gewesen.[139] Es konnten bedeutende Überweisungen und Vermächtnisse an Waffen und Erinnerungsstücken von Mitgliedern des Königlichen Hauses und aus der Bevölkerung in Empfang genommen werden, so daß sich das Zeughaus im Laufe der Jahre zu einem der »waffengeschichtlich wichtigsten und kunstgewerblich lehrreichsten (Museen) Europas« und zum beliebtesten Besucherziel Berlins entwickelte.[140] Durch die Stiftung vieler Andenken sah man sich in die Lage versetzt, einzelne Gedenkräume im Obergeschoß einrichten zu können: einen »Kurfürsten-Raum« im Ostflügel, einen »Andenken-Raum Kaiser Wilhelms des Großen« auf der Südseite und im Westflügel Erinnerungsstätten an Friedrich den Großen und an Friedrich Wilhelm III., wo u. a. das 1814 abmontierte, durch eine Nachbildung des Eisernen Kreuzes ersetzte Palladium der Siegesgöttin auf dem Brandenburger Tor zu sehen war.[141]

Schließlich hatte man 1889 noch einmal nicht weniger als vierzig Büsten von Generälen »aus der neueren preußischen Geschichte, namentlich aus der Zeit Kaiser Wilhelms I.«, bei zehn Bildhauern (unter ihnen Gerhard Janensch, Adolf Brütt, Reinhold Felderhoff, Otto Büchting, Karl Silbernagel, Theodor Litke, Otto Geyer und Hermann Kokolsky) in Auftrag gegeben. Diese Bildnisse wurden bis 1891 in allen *Abb. 16* Abteilungen der Schausammlungen in kreisförmigen Wandnischen oberhalb der Fenster aufgestellt.[142]

Andere Erweiterungen des Programms betrafen die »Feldherrnhallen«, wo man zwischen 1907 und 1910 an den Pfeilern große Inschrifttafeln anbrachte. Sie nannten die 278 Namen von Generälen und Kommandeuren, die »in den brandenburgisch-preußischen Kriegen in einem Zeitraum von 232 Jahren (1639–1871) gefallen« waren. Diese Ehrentafeln wurden 1934 durch weitere an den Pfeilern und Wänden der »Herrscherhalle« ergänzt, die nun auch die Namen »der im Weltkriege in selbständi-

---

139 Beides soll hier nicht im Einzelnen beschrieben werden, da es außerhalb des Rahmens dieser Untersuchung liegt.

140 Militär-Wochenblatt 1895, Sp. 1078. – Führer 1914, S. 4.

141 Führer 1910, S. 38ff., 59ff., 66ff., 72ff. Der Gedenkraum für Wilhelm I. wurde anläßlich des 100. Geburtstages des Verstorbenen am 22. 3. 1897 eingerichtet: Der Bär 23, 1897, S. 150ff. Im einzelnen vgl. die Beschreibungen im amtlichen Führer von 1941.

142 Erkennbar auf Abb. 16. – GSTA Berlin Rep. 138 Nr. 48, Bl. 63. – ZfbK 1889, Kchr. Sp. 660. – Deutsche Post 3, 1889, S. 491, 619, 795. – Führer 1903, S. 29ff. – Führer 1907, S. 27ff. – Kokolsky schuf insgesamt 4 Büsten: Thieme/Becker, wie Anm. 66, Bd. 21, S. 215.

gem Kommando gefallenen Truppenführer« angaben.[143] Ein Jahr später schließlich, im Januar 1935, stellte man auf Anordnung Hitlers in der Mitte der Kuppelhalle die Totenmaske Hindenburgs auf einem Postament zur Schau.[144] *Abb. 19*

[143] Der Zeitraum 1907–10 ergibt sich aus dem Etat der Zeughausverwaltung: GSTA Berlin Rep. 138, Nr. 49, Bl. 194f., 201f., 208f., sowie Rep. 138, Nr. 48, Bl. 158. – Vgl. im übrigen die Führer 1910, S. 29, Führer 1914, S. 6, Führer 1941, S. 3. – Bei den Tafeln von 1934 handelte es sich um eine Stiftung des Reichsbundes Deutscher Offiziere: Amtl. kurzer Führer 1941, S. 3, und Amtl. Führer 1941, S. 12f.

[144] Amtlicher Führer 1941, S. 13, und Tf. 3, 4. Es liegt nahe, diese Ehrung des kurz zuvor verstorbenen Reichspräsidenten als einen sehr genau kalkulierten propagandistischen Zug zu deuten: wie mit der Inszenierung des »Tages von Potsdam« sollte mit der Aufstellung der Maske in der preußischen Ruhmeshalle der Anschein erweckt werden, als würden die neuen Machthaber konservative Traditionen bruchlos weiterführen.

ZUR DENKMALSIDEE

In der Berliner »Ruhmeshalle« war die militärische Leistung der preußischen Nation mit der Ehrung nicht eines Einzelnen, sondern einer Vielzahl bedeutender Persönlichkeiten als den Vertretern der Armee gefeiert worden. In zahlreichen Historienbildern, durch 36 Porträtbüsten und acht Standbilder hatte man diejenigen Kriegshelden und Regenten ausgezeichnet, denen das Land seine politische Größe verdankte.

Die Idee, eine Ehrenhalle durch eine reiche Ausgestaltung mit Porträts und szenischen Malereien bzw. Reliefs dem Andenken einer ganzen Gruppe berühmter Männer zu widmen, hatte innerhalb der neuzeitlichen Denkmalskunst eine lange Tradition. Als denkmalsgeschichtliche Vorstufen wären einerseits die – im Programm und ihrer Gestaltung durchaus verschiedenen – »Gruppendenkmäler« zu nennen, die während der zweiten Hälfte des 18. Jahrhunderts (in England auch schon früher) in Gärten und Parks sowie auf öffentlichen Plätzen entstanden (Stowe, Jägerspris bei Kopenhagen, Prato della Valle in Padua, Wilhelmsplatz in Berlin). Andererseits muß an architektonisch gestaltete Gedächtnisstätten erinnert werden, die entweder durch eine Adaption bestehender Bauwerke oder durch die Schaffung eines neuen monumentalen Rahmens gebildet wurden. Sie dienten nicht anders als die »Gruppendenkmäler« der Auszeichnung einer Mehrzahl nationaler Helden. Der Dom und Sa. Croce in Florenz, das Pantheon in Rom, Westminister Abbey und St. Paul's Cathedral in London, das Panthéon in Paris, die Walhalla bei Regensburg und die Ruhmeshalle in München wären hier zu zitieren.[145] Sie alle unterscheiden sich selbstverständlich im Programm voneinander, stimmen aber im Grundsätzlichen des Konzepts überein.

Vorläufer in Berlin

Die meisten der genannten Denkmalsschöpfungen werden den Initiatoren der Berliner »Ruhmeshalle« bekannt gewesen sein – und wahrscheinlich waren auch Pläne des späten 18. und des 19. Jahrhunderts nicht in Vergessenheit geraten, die die Errichtung von Ehren- und Gedenkhallen speziell in der preußischen Hauptstadt zum Gegenstand gehabt hatten. Zwar ist nur eines der im folgenden vorgestellten Projekte dieser Art überhaupt zur Ausführung gekommen, doch zeigt die Vielzahl der im Planungsstadium verbliebenen Entwürfe, daß dieser Denkmaltyp in kunstpolitischen Überle-

---

[145] Vgl. den Artikel »Denkmal« von Harald Keller in: Reallexikon zur deutschen Kunstgeschichte, 3. Bd., Stuttgart 1954, Sp. 1289ff. – Albert Hofmann, Handbuch der Architektur, 4. Teil, 8. Halbband, Heft 2 b, Stuttgart 1906, S. 798ff. – Ruprecht Stolz, Die Walhalla, Diss. Köln 1977, S. 188ff.

gungen mehr als einmal eine Rolle gespielt hat, – daß also die Einrichtung der »Ruhmeshalle« im Berliner Zeughaus mindestens zu einem Teil auch auf einer längeren lokalen Tradition beruhte. Es versteht sich dabei von selbst, daß die im folgenden genannten Ehren- und Gedenkhallen Berlins nur im Grundsätzlichen der Denkmalsidee, kaum jedoch im Hinblick auf ihr spezielles Programm untereinander und mit der »Ruhmeshalle« des Zeughauses zu vergleichen sind.

Erste Vorschläge zu »Ruhmeshallen« dieser Art sind offenbar im Zusammenhang mit der Planung des Berliner Friedrich-Monuments zur Sprache gebracht worden. 1786, also unmittelbar nach dem Tode Friedrichs II., hatten Johann Gottfried Schadow und Johann Christian Genelli einen gemeinsam geschaffenen Entwurf für einen dorischen Tempel aus Rom nach Berlin gesandt. Im Innern dieses Baues dachten sie sich den von trauernden Musen umringten Sarkophag aufgestellt – und auf ihm die Gestalt des Königs, in ein Leichentuch gehüllt und halb aufgerichtet. In acht Wandnischen sollten Statuen in römischer Tracht die »vertrauten Freunde und Helfer« Friedrichs II. zeigen.[146]

Viel umfassender und bis dahin in Deutschland ohne Beispiel war ein Plan, der 1792 der Öffentlichkeit vorgestellt wurde. In Berlin, »auf dem Gensd'armes Markt, zwischen den neuen Thürmen, oder im Lustgarten zwischen Akazien und Pappeln, oder in der Mitte des Wilhelmsplazzes« sollte sich ein Tempel – »wie der Tempel der Freundschaft in Sansouci« – erheben.[147] Der Text sprach von dort aufzustellenden Büsten »Friedrichs II. und der großen Männer, die mit ihm und durch ihn gewirkt haben«; doch wie sich aus der Aufzählung der zu Ehrenden ergibt, sollte der Kreis noch größer sein. Im Einzelnen dachte man an Bildnisse preußischer Herrscher, Generäle, Staatsmänner und Gelehrter: der Große Kurfürst, Friedrich II. und Prinz Heinrich, Schwerin, Keith, Winterfeld, Fouquet, Seydlitz, Saldern und Zieten, Cocceji, Domhard, Brenckenhof und Münchhausen sowie Wolff, Leibniz, Thomasius und Sulzer sollten im Porträt vergegenwärtigt werden. Weitere Postamente für künftig aufzustellende Büsten waren ausdrücklich vorgesehen. Es wurde unter Bezugnahme auf den »Temple of British Worthies« (Stowe) von einem »Tempel der Majestät des Brandenburgischen Volkes« gesprochen, und dessen Funktion im Sinne der herrschenden Vorstellung von Denkmälern beschrieben: man werde sich das »Andenken an jene muthigen Vertheidiger des Vaterlandes, an jene würdigen Staatsmänner und Menschenfreunde, an jene Weisen in seine Seele zurückrufen (können), denen er (Friedrich der Große) Lehrer, Vorbild und Muster gewesen ist«.

Von 1797 datiert ein wiederum bescheidenerer Vorschlag, der im Zusammenhang mit dem zweiten Wettbewerb um das Friedrichs-Monument für Berlin entstanden war.[148]

---

[146] Hubert Schrade, Das deutsche Nationaldenkmal, München 1934, S. 43. – Kurt Merckle, Das Denkmal König Friedrichs des Großen in Berlin, Berlin 1894, S. 11f. – Jutta v. Simson, Das Berliner Denkmal für Friedrich den Großen, Frankfurt a. M./Berlin/Wien 1976, Kat. Nr. 6 a, b, mit Abb. und weiterf. Lit.

[147] Nachtrag zu den Büsten Berlinischer Gelehrter, Schriftsteller und Künstler, Halle 1792, S. 30ff.

Der Verfasser (Haun) präsentierte den Entwurf eines griechischen Tempels, in dem die Statue des preußischen Königs aufgestellt und von den Standbildern Zietens, Schwerins, v. Dieskaus und Tauentziens umgeben sein sollte – ein Gedanke, der das erwähnte Projekt Schadows und Genellis in Erinnerung ruft und dann ähnlich auch in dem 1800 veröffentlichten »Brief eines Ausländers, den Plan zu einem Denkmale und Nationalfeste zu Ehren Friedrichs des Großen enthaltend«, zum Ausdruck kam.[149] In diesem Brief ist von einem Rundtempel, dessen Durchmesser ca. 30 m betragen sollte, die Rede; als Standort war der Gendarmen-Markt vorgesehen. »Ein freistehender Säulengang trage die Gewölbe, welcher von oben und von den Seiten erleuchtet wird. Das obere Licht falle durch eine runde Öffnung ein, über welcher sich eine Laterne erhebet, deren Fenster die Strahlen der aufgehenden und niedergehenden Sonne zurückwerfen. Über dem Dache derselben erhebe sich eine Statue von Bronce, welche Preußens Genius darstellt.«

In der Mitte des Tempelinneren dachte sich der Autor des Schreibens die Statue des Königs – in modernem Kostüm! – errichtet. Er wollte sie auf einem Postament aufgestellt sehen, dessen Seiten mit Reliefs – szenischen, bestimmte Charakterzüge Friedrichs verkörpernden Darstellungen – zu schmücken seien. Der Sockel sollte darüber hinaus auch die Figuren von vier »Genien« tragen, die durch ihre Attribute auf den »Staatsmann, den Gesetzgeber, den Krieger und den Gelehrten« Friedrich hinwiesen.

Es war geplant, dieses Programm durch die Statuen von »vier Deputirten aus den Provinzen«, in zeitgenössischem Kostüm und in huldigender Stellung, zu erweitern. Ferner sollte das Denkmal des Königs von den Standbildern »vier der berühmtesten Männer seines Reiches, auserkohren aus den verschiedenen Klassen der Gesellschaft« umringt werden, unter denen Schwerin und Graf v. Hertzberg als Repräsentanten des Militärs und der Staatsverwaltung nicht fehlen dürften. Schließlich, so schlug der Verfasser des Briefes vor, könne man die Säulenpostamente des Tempels ebenfalls mit Reliefs verzieren. In ihnen würden dann dreizehn Schlachten Friedrichs des Großen zur Anschauung kommen, wobei neben dem König selbst »wenigstens ein General, der auf eine ausgezeichnete Weise zur Erlangung des Sieges beigetragen hat, oder ein Regiment, das sich auszeichnete mit seinen Anführern«, erschiene. Eine solche Ehrung werde immer ein »dauerndes Zeugniß« vom Ruhme des dargestellten Feldherrn bzw. des Regiments sein, »zugleich liegt für die lebende Welt der Ansporn zu neuen Thaten darin. Alte Krieger werden sich bei diesem Anblick mit freudiger Empfindung der überstandenen Gefahren und der errungenen Siege erinnern; junge Krieger werden die Waffenthaten ihrer Väter, ihrer Vorfahren bewundern und hier feurigen Enthusiasmus für Ruhm und Vaterland, der große Handlungen erzeugt, einathmen«.

Im übrigen sollte der Friedrichs-Tempel nach dem Vorschlag des Briefverfassers jährlichen Nationalfesten, gefeiert an des Königs Geburtstag, als Stätte dienen.

---

[148] Merckle, wie Anm. 146, S. 64. – Helmut Börsch-Supan (Hrsg.), Die Kataloge der Berliner Akademie-Ausstellungen 1786–1850, Berlin 1971, Bd. 1: 1797, Nr. 324.

[149] In: Berlin. Eine Zeitschrift für Freunde der schönen Künste, des Geschmacks und der Moden 2, 1800, Bd. 1, S. 113ff.

Schließlich gehört noch ein 1823 von dem lippischen Baumeister Wilhelm Tappe vorgestellter Entwurf für das nun schon so lange geplante, aber immer noch nicht in Angriff genommene Friedrichs-Monument in unseren Zusammenhang. Der Architekt schlug als Standort für das Denkmal den Berliner Lustgarten vor. Es handelt sich bei seinem Konzept um einen gotisierenden Turm, der von zwei mit Inschriften versehenen, von Wächterfiguren bekrönten Obelisken flankiert wird. Der von zwei quadratischen, kapellenartigen Anbauten eingefaßte, achteckige Turm sollte sich über einem schlichten, außen nur durch die Widmungsinschrift »Friedrich« geschmückten Sockelgeschoß erheben. Das darüber liegende Hauptgeschoß erscheint in der Außenansicht durch steile Parabelblendbögen hervorgehoben. Sie zeigen reliefierte Darstellungen in mehreren Zonen und sind auf ihren Scheitelpunkten von Büsten bzw. Statuen »derjenigen Männer (bekrönt), welche mit Friedrich gelebt und gehandelt haben«.[150] Weitere Reliefs und Büsten gab Tappe am Außenbau in den rundbogigen Blendfenstern des Turmes bzw. über den Scheiteln der offenen Turmfenster an. Leider

Abb. 50

Abb. 50 Wilhelm Tappe, Entwurf für ein Friedrichs-Monument, 1823.

[150] Wilhelm Tappe, Darstellung einer neuen äußerst wenig Holz erfordernden und höchst feuersicheren Bauart, 8. Heft, Essen 1823, S. 3ff. und Tf. 19. – Vgl. a.: M. Arndt, wie Anm. 95, S. 116f. – Mit Einschränkungen wäre auch der von Joh. H. Gentz 1806 präsentierte Denkmalsvorschlag für Friedrich den Großen zu nennen. Gentz dachte sich in den Nischen seiner kreisförmigen Denkmalsanlage die ca. 2 m hohen Statuen berühmter Zeitgenossen Friedrichs aufgestellt – Bildwerke von Männern, »welche ihre Kräfte dem Dienste des Staats und des großen Regenten auf eine ausgezeichnete Weise widmeten, es seyen nun Feldherren, oder Staatsmänner, oder Gelehrte« (H. Börsch-Supan, wie Anm. 148, Bd. 1: 1806, Nr. 447). Im Unterschied zu den bisher genannten Beispielen sollte dieses Gruppendenkmal unter freiem Himmel errichtet werden.

wissen wir über den Kreis der hier vorgesehenen Personen und den Inhalt der Reliefs nichts Genaueres.

Die Turmhaube wollte der Architekt mit einem vergoldeten Kupferdach in Form mächtiger Lorbeerblätter decken und die Turmspitze selbst mit der preußischen Königskrone schmücken.

Das achteckige Sockelgeschoß sollte kryptenartig wirken und im Zentrum, innerhalb eines Kreises von Stützen, den Sarkophag Friedrichs II. aufnehmen. Der darüber liegende steile Turmraum war als runde Feierhalle geplant, in der jährliche Versammlungen der Akademie der Wissenschaften stattzufinden hätten.[151] Statuen, Gemälde und Reliefs (unbekannten Inhalts) an den Wänden sollten außer dem Standbild des Königs selbst den Schmuck dieser Halle bilden.

So gut wie nichts wissen wir von einer Idee Schinkels, die sich in einem Bebauungsplan für die Berliner Innenstadt vom Frühjahr 1817 niedergeschlagen hat. Darin findet sich, vor der Südwestecke des Schlosses Monbijou an der Spree ein Zentralbau eingetragen, den der Architekt mit »Pantheon« bezeichnete, und der vermutlich als

Abb. 51 Ferdinand Martius, Entwurf für eine Gedenkhalle, 1836. Ansicht.

nationale Gedenkstätte geplant war.[152] Wollte Schinkel damit an Überlegungen anknüpfen, die er 1814/15 in Verbindung mit seinen Entwürfen für einen Dom als Erinnerung an die Freiheitskriege vorgetragen hatte? Sollte doch dieser nie realisierte Kirchenbau *auch* als »historisches Monument« dienen, das unter anderem die Bildnis-

[151] Mit diesem Beispiel wäre eine ganze Denkmälergruppe angesprochen, für die sich mehr als einmal die Einrichtung von Gedenkhallen nachweisen läßt: die Turm-Monumente, wie sie seit dem späten 18. Jh. auch in Deutschland entstanden; vgl. z. B. den »gotischen« Turm des Schlosses Nassau mit seiner Gedenkhalle für die Befreiungskriege: M. Arndt, wie Anm. 95, S. 103ff., 115.

[152] P. O. Rave, wie Anm. 10, Berlin II, S. 11–17 und Tf. 4; Berlin III, S. 83ff. – Hermann G. Pundt, Schinkels Berlin, Frankfurt a. M./Berlin/Wien 1981, S. 135f., 236f. – Eine Art Pantheon zur Erinnerung an die Freiheitskriege schwebte 1815 auch dem Baron von Frauendorf, einem gebürtigen Franzosen und seit

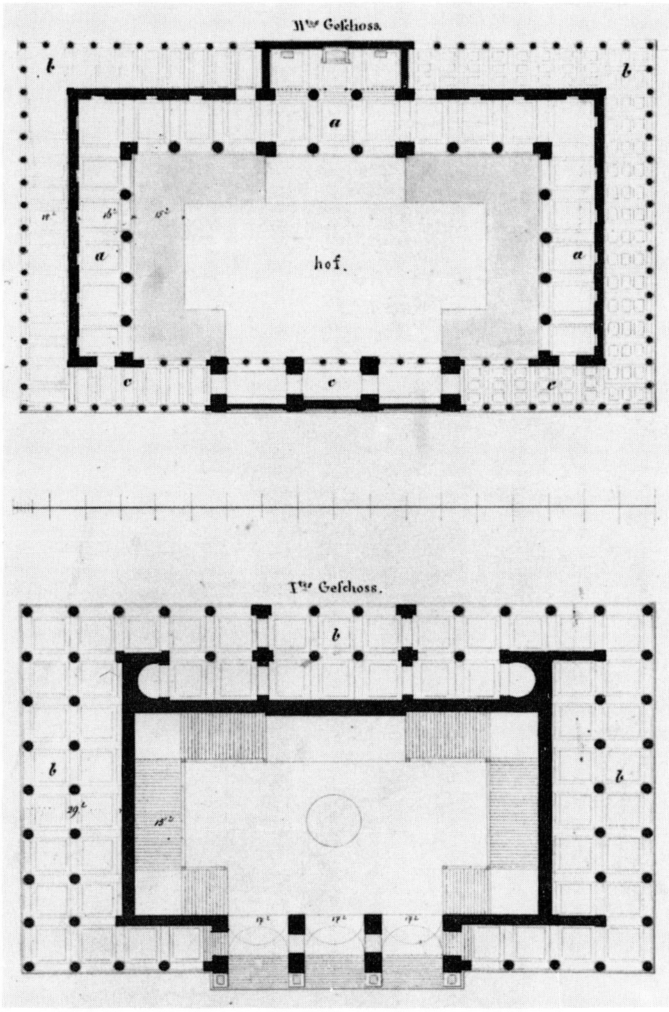

Abb. 52 Ferdinand Martius, Entwurf für eine Gedenkhalle, 1836. Grundrisse.

se der Hohenzollern seit »frühester Zeit« sowie die Denkmäler und z. T. die Asche der »Einzelnen, welche in der allgemeinen großen Bewegung hervorleuchteten«, vereinigte – wobei »leere Plätze zur Ausfüllung für die Folgezeit« bestimmt waren.[153]

kurzem erst in Preußen ansässig geworden, vor. Er wollte in Berlin eine »National-Galerie«, gewidmet den »letzten Kampfjahren«, errichten lassen. Weitsch, Kolbe und andere Maler sollten dafür Schlachtengemälde, Schadow, Rauch, Wichmann und weitere Bildhauer die Büsten der Helden und Staatsmänner jener Zeit liefern (Morgenblatt für gebildete Stände 10, 1816, Nr. 17, S. 68).

[153] So Schinkel in seinen beiden Denkschriften von 1814 und 1815, abgedr. bei P. O. Rave, wie Anm. 10, Berlin I, S. 189ff., 194ff., bes. S. 192, 196. – Aus dieser Zeit datieren die ganz ähnlichen Denkmalsideen, auf die Thomas Nipperdey hingewiesen hat: Kirchen als Nationaldenkmal. Die Pläne von 1815, in: L.

Die – zweifellos durch Westminster Abbey inspirierte – Idee einer Denkmalskirche läßt sich für Berlin im übrigen durch das ganze 19. Jahrhundert verfolgen. Zunächst tauchte sie im Zusammenhang mit den Dombauprojekten Friedrich Wilhelms IV. wieder auf, wo in wenigstens zwei Alternativentwürfen zu den Planungen Stülers und des Bauherrn selbst die Vorstellung einer Verschmelzung von sakralem und profanem Monument zu fassen ist (Anton Hallmann, 1840; Wilhelm Stier, 1842).[154] Auch unter den Beiträgen für die Berliner Domkonkurrenz 1868 finden sich Entwürfe, die nach dem Vorbild von Westminster Abbey innerhalb des Baues eine »Ruhmeshalle mit Dichterwinkel und zur Aufstellung von Statuen berühmter Staatsmänner, Feldherrn etc. reserviert« vorgesehen hatten.[155]

Abb. 51 *Abb. 52* Von dieser religiös-nationalen Denkmalsidee setzt sich ein profanes, der gleichzeitig entstehenden Regensburger Walhalla (1830/42) ähnelndes Projekt ab. Im Zentrum von Berlin, an Stelle der Alten Börse zwischen dem Alten Museum und dem Dom gelegen, sollte eine Halle für »Monumente um das Vaterland verdienter Männer« errichtet werden – so lautet die Aufgabe der Konkurrenz des Berliner Architektenvereins für den Februar 1836.

Für diesen Wettbewerb hatte (als einziger bekannt gewordener Teilnehmer) der Baumeister Ferdinand Martius, Schüler Schinkels an der Berliner Allgemeinen Bauschule, einen Beitrag geliefert, dem als Motto die folgenden Zeilen beigegeben waren:

»Hier werden Sie eine Halle sehn!
Drinn' sollen die großen Leute stehn.
Zwar ist die Hall' nur eng und klein,
Doch – wollen berühmt sehr viele sein,
Müssen bescheiden sie sich bequemen,
Dicht neben einander Platz zu nehmen.«[156]

Leider sind diese ausgesprochen ironisch wirkenden Knittelverse – neben der zitierten Umschreibung der gestellten Aufgabe und einer knappen Erläuterung des Architekten – die einzige Äußerung über das Programm des Bauwerks geblieben. Wir wissen weder über den Kreis der zu versammelnden Berühmtheiten noch über den

---

Grisebach u. K. Renger (Hrsg.), Festschrift für Otto von Simson zum 65. Geburtstag, Frankfurt a. M./Berlin/Wien, S. 412ff.

[154] Anton Hallmann, Kunstbestrebungen der Gegenwart, Berlin 1842, S. 74f. (darauf haben schon A. Hofmann, wie Anm. 145, S. 801, und Thomas Nipperdey, Nationalidee und Nationaldenkmal in Deutschland im 19. Jahrhundert, in: Historische Zeitschrift 206, 1968, Heft 3, S. 549, hingewiesen). Zu den beiden Domentwürfen vgl.: Carl-Wolfgang Schümann, Der Berliner Dom im 19. Jahrhundert (= Die Bauwerke und Kunstdenkmäler von Berlin, Beiheft 3), Berlin 1980, S. 112ff., 117f.

[155] Vgl. etwa die Entwürfe von K. Cremer (von ihm das Zitat) und H. Eggert: Schümann, wie Anm. 154, S. 167, 169, 180ff., 184. Zu den später als die Zeughaus-Ruhmeshalle entstandenen Beispielen dieser Art vgl. Schümann, S. 217ff.

[156] Der Entwurf, auf den E. Börsch-Supan, wie Anm. 28, S. 752, aufmerksam gemacht hat, ist in der Plansammlung der TU Berlin vorhanden (Inv. Nr. MK 374, 1–4). Es handelt sich um vier auf einen Karton geklebte Blätter; eines von ihnen ist ein erklärendes Textblatt. Vgl. a.: Notizblatt des Architektenvereins zu Berlin 4, 1836, S. 6. Zu Martius (1811–1889) s. den Nekrolog in: DBZ 23, 1889, S. 414.

Inhalt der geplanten Wandbilder Genaueres. Dennoch verdient das Projekt als ein Beispiel für eine besonders beeindruckende Denkmalsarchitektur unsere Aufmerksamkeit.

Martius dachte sich die Ruhmeshalle über rechteckigem Grundriß als einen nach oben hin offenen Innenhof, der nach außen in Formen der Frührenaissance in Erscheinung tritt. Das doppelgeschossige Bauwerk ist von zwei übereinanderliegenden Rundbogen-Arkaden umzogen; die obere, niedrigere Reihe weist die doppelte Achsenzahl wie die untere auf. Das abschließende Gesims des Kernbaus wird oberhalb der zweiten Arkaden deutlich sichtbar. Ein nur wenig vorspringender dreiachsiger Portikus mit besonders weiten Bögen und hoher attikaartiger Zone betont die Mitte der Halle; er läßt unmittelbar an einen Triumphbogen denken.

Der Besucher sollte durch diesen Portikus in den Innenhof treten. In dessen Mitte war ein Springbrunnen vorgesehen; die Wände sollten durch Ädikulen mit Inschriften geschmückt sein. Über Treppen rechts und links hinter der Eingangswand hätte man in das obere Stockwerk gelangen können. Dort war ein innerer Bogengang (auf der Rückseite in drei Jochen von doppelter Tiefe) vorgesehen, der sich an drei Seiten des Hofes entlangzog. In diesen Arkaden hatte Martius flache Wandnischen geplant, wo wohl die Standbilder der Großen ihren Platz finden sollten.

Die Außenansicht zeigt – wie erwähnt – beide Geschosse von Arkaden umgeben, wobei der untere Bogengang laut Grundriß auf drei Seiten (d. h. außer auf der Eingangsseite) zwei Schiffe aufweist. Der Besucher hätte unter beiden Arkaden das Bauwerk umschreiten können und dabei an den Außenwänden des Kernbaus Malereien und Inschrifttafeln mit den Namen von Kriegsgefallenen im Blick gehabt. Von dem unteren Bogengang heißt es in der Erklärung des Architekten, er könne als »Reserve... für Statuen späterer Zeit dienen«.[157]

Ein reiches bauplastisches Programm sollte die Bedeutung der Ruhmeshalle unterstreichen. Besonders hervorgehoben ist dabei der triumphbogenartige Portikus: Kandelaber stehen vor seinen Pfeilern, und in den Bogenzwickeln erscheinen Trophäen bzw. der preußische Adler im Siegerkranz. Die attikaartige Wandzone der Vorhalle zeigt zwischen vier Statuen (ganz rechts offenbar Mars, ganz links Minerva?) drei Inschrifttafeln, die den Baubeginn und das Vollendungsdatum (1840 war in Aussicht genommen!) angeben und die Ruhmeshalle als eine Widmung der »dankbaren Enkel« an die »großen Ahnen« bezeichnen. Siegerkränze in der Gebälkzone darüber und eine das Ganze bekrönende Quadriga vervollständigen den Schmuck des Portikus. Die Arkadengänge sollten in den Bogenzwickeln mit Rundmedaillons (vielleicht Porträtdarstellungen?) und mit Akroterien verziert werden. Akroterien waren auch auf dem Abschlußgesims des Kernbaus vorgesehen. Dort dachte sich der Architekt ferner zwei geflügelte Genien aufgestellt, die die Mitte des Denkmalbaues betont hätten.

Im übrigen war Martius offensichtlich um eine Anpassung seiner – wenn auch in anderem Stil entworfenen – Ehrenhalle an das benachbarte »Alte Museum« Schinkels bemüht: man vergleiche insgesamt das breit Gelagerte beider Gebäude und deren

---

[157] So die Bemerkung des Architekten auf dem Textblatt.

Offenheit sowie im Einzelnen den ähnlichen Umriß mit der Akzentuierung der Mitte durch Statuen, die Verwendung von bekrönenden Akroterien in jeder Achse und die Malereien auf den geschlossenen Außenwänden.

Wenige Monate vor der Einweihung der Walhalla bei Regensburg (Oktober 1842) und gewiß durch dies bevorstehende Ereignis angeregt, wandte sich der Architekt Anton Hallmann mit einem »Entwurf zum Baue eines Staats-Verwaltungs-Gebäudes zu Berlin« an die Öffentlichkeit. Er scheint sein Projekt geradezu als Korrektur des von Ludwig I. begründeten und nun fast vollendeten Nationaldenkmals entwickelt zu haben, das er kritisch als einen rein »poetischen«, vom »Treiben des Lebens« abgelösten Gedanken verstand.[158] Er plante im strikten Gegensatz dazu die Einrichtung einer Ehrenhalle, die in Berlin als inhaltliches Zentrum eines neuen preußischen Regierungssitzes dienen, also mitten »im Leben ... der Nation« wurzeln sollte. Gedacht war an eine »National-Geschichtshalle«, der sich ein ausgedehnter, acht Ministerien und die Staatsbuchhalterei zusammenfassender Baukomplex angegliedert hätte.

Durch eine Vorhalle – »hauptsächlich geziert mit den Reiterstatuen der 5 Preußischen Könige bis auf Friedrich Wilhelm IV.« – wären die Besucher in die »Nationalhalle« gelangt. Dort wollte Hallmann in einer Vielzahl von Historienbildern die preußische Geschichte – ausgehend von der Gegenwart und von dort zurück bis zu den Anfängen – veranschaulicht sehen, wobei »Thaten des Krieges« und des Friedens gleichermaßen vertreten wären. Als Beispiele für kriegerische Szenen nannte der Architekt Darstellungen der Befreiungskriege, des Siebenjährigen Krieges und der Schlacht bei Fehrbellin; ein weiteres Ereignisbild sollte die Erhebung Preußens zum Königreich vor Augen führen.

Die Decke der Halle dachte Hallmann von acht eisernen Säulen getragen, die von jeweils vier Kolossalstandbildern umringt sein sollten. Sie waren dazu bestimmt, die »ausgezeichneten Männer« jener Zeit zu verkörpern, die »durch die dahinter auf der Wand gemalte Begebenheit angedeutet wird. So geht man also aus dem wirklichen Leben in die Halle eintretend, zuerst von uns nahestehenden Ereignissen und Männern begrüßt, allmälig weiter durch die großen Begebenheiten der Geschichte und die Statuen der ausgezeichneten Männer aus ihrer Zeit und in ihrem zeitgemäßen Costüme, bis man endlich, durch's Mittelalter geführt, zum Schluß der Halle gelangt«.

Dort, an der Hinterwand des Raumes, sollte das Programm in einer dreiteiligen, dem Motto »Mit Gott für König und Vaterland« untergeordneten Gemäldefolge gipfeln. Vorgesehen waren die folgenden Darstellungen:

Links der »Aufstand und die Bewaffnung der Nation, der Auszug zur Vertheidigung des Vaterlandes, die Weihe der Fahnen zum heiligen Kriege für den Herd und die Familie«; rechts die »Bestrebungen der geistigen und materiellen Kräfte des Friedens, die Thätigkeiten in Künsten und Wissenschaften, im Handel und Industrie etc. zur Verherrlichung und Vergrößerung des Vaterlandes, die Segnungen des Friedens«; als

---

[158] Hallmann, wie Anm. 154, S. 82ff., bes. S. 92ff.

Hauptbild in der Mitte »der König auf dem Throne, umgeben von allen Würdenträgern, Ständen und Bannern des Reiches, also allgemein die Versinnlichung der weltlichen Macht, des Gesetzes, des Herrschers, des Staates. – Über dem Throne dann, hoch auf Wolken, Christus, umgeben von den Engeln, die Kränze und Palmen herunterwerfen auf die Erde, der Mittler zwischen Gott und Welt, nach oben zum Urquell des ewigen Lichts deutend«.[159]

Von dieser »National-Geschichtshalle« sollte man schließlich in das zentrale Treppenhaus gelangen, von dem aus die verschiedenen Ministerien erreichbar waren.

Ebenfalls aus dem Anfang der 40er Jahre datiert ein Vorhaben, das in engstem Zusammenhang mit den Plänen für das »offizielle« Denkmal Friedrich Wilhelms III. in Berlin stand. Es ging dabei um Überlegungen, das im Bereich zwischen dem Beginn der »Linden« und der Neuen Wache längst begonnene Denkmälerforum zum Gedächtnis an die Erhebung Preußens gegen Napoleon auszubauen. Dort waren bereits die Statuen der Generäle Scharnhorst (1822), Bülow (1822) und Blücher (1826) zu sehen; dort hatte man 1840 den Grundstein zum Reiterstandbild Friedrichs des Großen gelegt. Nun sollten die Denkmäler Gneisenaus und Yorcks folgen, für deren Modellierung Rauch spätestens 1842 den Auftrag vom König erhalten hatte.

Doch war damit in den Augen Friedrich Wilhelms IV. ein Abschluß des Statuenprogramms offenbar noch nicht erreicht. Es gab umfassendere Pläne, nach denen diesen vorhandenen bzw. konkret in Aussicht genommenen Monumenten weitere Denkmäler von »Heroen der jüngeren Geschichte des preußischen Staates« hinzugefügt werden sollten. Da war die Rede von dem Reiterbild Friedrich Wilhelms III. und von den Statuen der Generäle Kleist von Nollendorf und Tauentzien sowie der Staatsmänner Stein und Hardenberg.

Bestätigt wird eine entsprechende Nachricht des »Kunstblattes« von 1845 durch die erhaltenen Denkmalsakten. Ihnen läßt sich entnehmen, daß Rauch im Auftrag des Königs Entwürfe zu Monumenten für die genannten Persönlichkeiten geschaffen und auch schon Vorschläge für deren Aufstellung unterbreitet hatte. So sollte das Reiterbildnis Friedrich Wilhelms III. vor der Neuen Wache mit Wendung zum Kronprinzen-Palais, »gleichsam an einer zum Schloß führenden via triumphalis«, plaziert werden. Schräg gegenüber dachte Rauch sich die Denkmäler der beiden Staatsmänner: »Auf einer Überbrückung des Canals am Prinzessinnen-Palais, zunächst dem Stand-

---

[159] Hallmann, wie Anm. 154, S. 94f. – An diese Verbindung von Nationaldenkmal und Staatsgebäude erinnert ein Vorschlag, der 1866 im Anschluß an den deutsch-deutschen Krieg zur Sprache gebracht wurde. Statt eines traditionellen Siegesmals solle ein »dreieiniges Nationaldenkmal« errichtet werden, das aus einer Ruhmeshalle, dem Siegesmonument und einem Bundeshaus bestände. »Auf einem freien Platze« – etwa auf dem Gelände der Artillerie-Kaserne – »erhebe sich auf mächtiger Basis, stolz und kühn, das deutsche Bundeshaus; zu beiden Seiten schließen sich offene Ruhmeshallen an, bestimmt zur Aufnahme von Denkmalen solcher Männer, die sich um deutsche Macht und Einheit verdient gemacht haben und in der Zeit noch verdient machen werden. Die Anlage umgebe ein frischer, immergrünender Garten, und in diesen setze die Stadt Berlin auf eigne Kosten ein Denkmal der Schlacht von Königgrätz, ein anderes setze die preußische Nation«: Baugewerkszeitung 3, 1871, S. 152.

Abb. 53 Ludwig Gruner (vermutlich), Ansicht der Gedenkhalle im Kronprinzen-Palais, 1866.

bild des Generals Yorck, sollte eine Marmorhalle, deren Wände mit Reliefdarstellungen aus der Regierung des Hochseligen Königs (d. i. Friedrich Wilhelms III.; d. Vf.) geschmückt wären, für die sitzenden oder stehenden Statuen Steins und Hardenbergs ein passendes Local darbieten. In Marmor ausgearbeitet, würden sie hier gegen die Witterung geschützt sein. Auch würden Büsten großer Zeitgenossen hier eine würdige Stelle finden, und künftig die Reihe historisch bedeutender Bildnisse vervollständigen können.«[160]

Entsprechende Entwürfe Rauchs scheinen nicht überliefert zu sein, so daß die wenig anschaulichen amtlichen Berichte und verstreute Nachrichten in der zeitgenössischen Presse die einzigen Zeugnisse für dieses Ehrenhallen-Projekt sind.

Alle bisher genannten Denkmalsvorschläge für Berlin blieben Planung. Zur Ausführung dagegen gelangte eine inzwischen zerstörte Ruhmeshalle, die 1859 einem Mitglied des preußischen Königshauses gestiftet worden war. Sie ist allerdings nicht für die breite Öffentlichkeit bestimmt gewesen und insofern mit den bisher zitierten Projekten nicht zu vergleichen. Auch treten in ihrem Programm dynastisch-familiäre Züge in den Vordergrund.

[160] ZSTA Merseburg, Rep. 137 I Nr. 49, Bl. 4, 5 (Promemoria vom 12. 3. 1859, verfaßt von dem Geh. Regierungsrat Pinder); vgl. a.: ebda, Rep. 76 V^{e}, Sekt. 4, Abt. I, Nr. 23, Bd. 1, Bl. 3. – Nachrichten in der zeitgen. Presse: Kunstblatt 26, 1845, S. 112; Morgenblatt für gebildete Leser 1851, S. 1071.

Im Sommer 1857 hatte eine Gruppe Berliner Bürger beschlossen, dem Prinzenpaar Friedrich Wilhelm und Victoria (später Kaiser und Kaiserin Friedrich III.) aus Anlaß ihrer Hochzeit eine Gedenkhalle zu stiften. Der König genehmigte diesen Plan, ja, übernahm sogar einen Teil der Finanzierung. Im Zuge der Umbauarbeiten, die Johann Heinrich Strack 1856/7 im Kronprinzenpalais als der künftigen Residenz des Prinzenpaares durchführte, wurde der Ehrensaal im Obergeschoß des östlichen Hofflügels *Abb. 53* eingerichtet. Es handelte sich um einen achteckigen, kuppelgewölbten Raum von ca. 8 m Durchmesser, dessen Wände als hohe Rundbogennischen ausgebildet waren. Seine Ausgestaltung mit Reliefs und Gemälden konnte im Herbst 1859 vollendet werden; die Kosten hatten 720 Berliner Bürger mitgetragen.[161]

Dem Programm der Gedenkhalle lag die Beschwörung der preußisch-englischen Beziehungen zugrunde, die nun durch die Vermählung Friedrich Wilhelms mit der englischen Prinzessin einen Höhepunkt erreicht hatten. Darüber hinaus wurde auf hervorragende Leistungen Preußens, speziell Berlins, aus jüngerer und jüngster Zeit in Kunst, Wissenschaft und Industrie verwiesen – was an diesem Ort und im Kontext des Gesamtprogramms als Ausdruck eines bemerkenswerten bürgerlichen Selbstbewußtseins zu deuten ist.

Die Gemälde – Historienbilder und Landschaften – waren in die Lünetten der rundbogigen Wandnischen eingelassen.[162] Dem Haupteingang gegenüber befand sich das Bild »Die Begrüßung Blüchers und Wellingtons nach der Schlacht bei Belle-Alliance« (von Adolf v. Menzel); neben dieser Erinnerung an die siegreiche politisch-militärische Allianz sah man private Szenen wie die »Landung des hochseligen Königs Friedrich Wilhelm III. im Jahre 1814 in England und Allerhöchstdessen Empfang durch den damaligen Prinz-Regenten, späteren König Georg IV.« (von Julius Schrader) und die »Patenschaft Sr. Majestät des Königs Friedrich Wilhelm IV. von Preußen

---

161 Das von Nering als schlichtes Privathaus errichtete, 1732 in ein Palais für den Kronprinzen Friedrich II. umgebaute, fortan als Stadtpalais der preußischen Kronprinzen dienende Gebäude brannte im 2. Weltkrieg bis auf die Umfassungsmauern nieder. 1968/9 wurde es in seiner äußeren Gestalt wiederaufgebaut; es ist seitdem Gästehaus des Magistrats: Eckardt, wie Anm. 2, S. 28. Zur Einrichtung der Gedenkhalle: Dioskuren 3, 1858, S. 40, 52, 61 f., 81, 186; ebda 4, 1859, S. 57, 194 f., 202; ebda 5, 1860, S. 361. – ZfpB 19, 1859, Sp. 359. – R. Borrmann, wie Anm. 75, S. 313. – E. Börsch-Supan, wie Anm. 28, S. 106. – Vgl. a.: Paul Seidel, Zur Geschichte des Kronprinzen-Palais in Berlin, insbesondere der ehemaligen Wohnung der Königin Luise, in: Hohenzollern-Jahrbuch 11, 1907, S. 206 ff., bes. S. 230 ff.

162 Bei dem hier abgebildeten, 1866 datierten (und undeutlich sign.) Aquarell handelt es sich um eine Entwurfkopie oder Bauaufnahme. E. Börsch-Supan, wie Anm. 28, S. 106, hat auf dieses Blatt aufmerksam gemacht, das die Ansicht von Babelsberg in der Lünette der Wandnische und die Porträtmedaillons von Humboldt und Schleiermacher zeigt (Staatl. Museen Preußischer Kulturbesitz, Kunstbibliothek, Hdz. 7411, Kasten 3834). Herr Theodor Böll, Kunstbibliothek Berlin, möchte dieses Blatt (und zwei damit zusammenhängende Zeichnungen: Hdz. 7409, 7410) aus dem Besitz des Kronprinzen dem Maler Ludwig Gruner (seit 1856 Direktor des Kupferstichkabinetts Dresden) zuschreiben. Dafür spreche nicht nur der so zu lesende Namenszug, sondern auch die Tatsache, daß Gruner schon in den 40er Jahren für das englische Königshaus tätig gewesen war. Da Gruner als Verfasser von repräsentativen Publikationen zur Ausstattungskunst bekannt ist, dürfte man im Hinblick auf die drei Zeichnungen an Aufnahmen bzw. Druckvorlagen für Veröffentlichungszwecke denken (Brief an d. Verf.).

Abb. 53 bei dem Prinzen von Wales« (von Adolf Eybel) sowie Ansichten von Babelsberg (von Carl Graeb) und Windsor (von Wilhelm Schirmer) als den Lieblingsaufenthalten des Prinzenpaares.[163]

In die Zwickel zwischen den Bögen waren marmorne Porträtmedaillons von acht hochberühmten Bürgern Berlins eingelassen. Es handelte sich um die Bildnisse Alexander v. Humboldts (Reinhold Begas), Christian Daniel Rauchs (Hugo Hagen), Karl Friedrich Schinkels (Gustav Bläser), Felix Mendelssohn-Bartholdys (Hermann Schievelbein), Ludwig Tiecks (August Wredow), Peter Chr. Beuths (Hermann Heidel), Friedrich Schleiermachers (Albert Wolff) und August Borsigs (Wilhelm Stürmer).[164]

Die Malereien in der Kuppel hatte August von Kloeber geschaffen: 16 schwebende allegorische Figurenpaare, von denen sich jeweils zwei inhaltlich auf das darunter befindliche Porträt-Medaillon bezogen.[165] So sah man z. B. über Humboldt eine weibliche Gestalt mit einem Erdglobus und begleitet von einem Genius mit Senkblei (als Verkörperung der »Erdkunde«) sowie eine Figur mit dem Sternenglobus in Begleitung eines Genius mit Fernrohr (als Personifikation der »Himmelskunde«).[166]

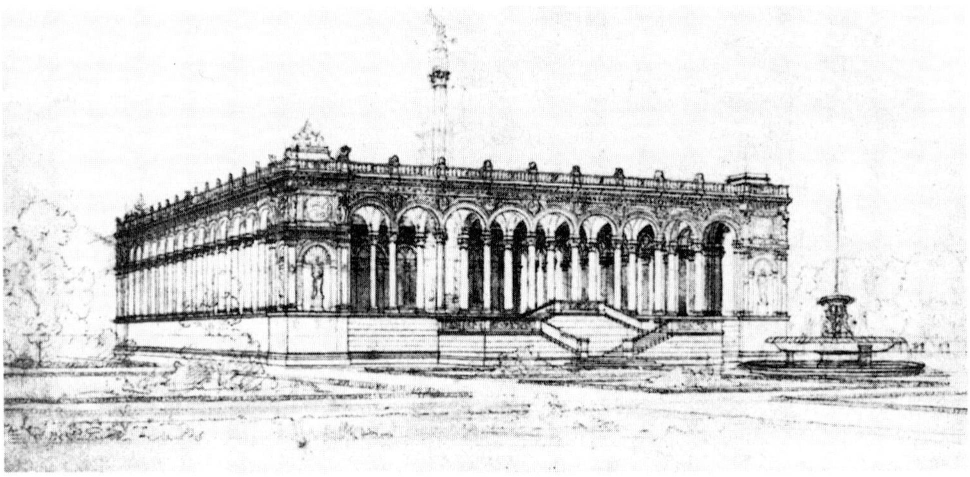

Abb. 54 Johann Heinrich Strack, Entwurf für die Berliner Siegessäule, 1865.

[163] Menzels 1858 entstandenes Gemälde (2,20 m hoch, 3,02 m breit) befindet sich in der Neuen Pinakothek München (Inv. Nr. 12 342): Katalog Neue Pinakothek München 1981^3, mit Abb. – Vgl. auch Hugo von Tschudi, Adolph von Menzel, München 1906, S. 86, Nr. 113, 114.

[164] Vgl. Dioskuren 4, 1859, S. 57, 202. In Dioskuren 3, 1858, S. 81, hieß es anderslautend, daß Beuth durch W. Stürmer, Schleiermacher durch H. Heidel und Borsig durch A. Wolff dargestellt werden sollten. – Zum Relief Wolffs: Jutta von Simson, Der Bildhauer Albert Wolff 1814–1892, Berlin 1982, S. 133f. und Kat. Nr. 39.

[165] Eine Beschreibung der Allegorien in: Dioskuren 4, 1859, S. 57. – Die Kartons für diese Darstellungen befinden sich in der Kunstbibliothek Berlin (Inv.-Nr. 1982.27 [1–35] AOZ); frdl. Hinweis von Theodor Böll, Berlin.

[166] Ebenfalls im Kronprinzen-Palais hatte man schon Jahre zuvor eine Art Gedenkhalle eingerichtet: das Speisezimmer war mit Porträts der Generäle Bülow, York, Blücher, Kleist von Nollendorf, Gneisenau und

Selbstverständlich kannte Wilhelm I. diesen von Strack eingerichteten Gedenkraum im Palais seines Sohnes. Ob er einmal mit dem Architekten über die Verwirklichung eines großartigeren Ruhmeshallen-Projekts – nun auch der Öffentlichkeit zugänglich und mit einem die gesamte Nation betreffenden Programm – gesprochen hat? Man kann es vermuten und in diesem Zusammenhang auf eine Skizze verweisen, die Strack zu Beginn des Jahres 1865 zeichnete. Sie entstand in Verbindung mit Entwürfen für *Abb. 54* das Berliner Siegesmal (die spätere Siegessäule), das Wilhelm am 18. 12. 1864 als ein Erinnerungszeichen an den siegreichen deutsch-dänischen Krieg zu errichten befohlen hatte.

Zeigte die Mehrzahl der Pläne das Monument als hohe Säule über einem kräftigen Unterbau aufwachsend oder auch von einer relativ kleinen dreiflügeligen Säulenhalle umgeben, so wich die genannte Zeichnung davon ab. Der Architekt dachte hier zwar ebenfalls an eine figurenbekrönte, hoch aufragende Säule, doch stellte er sie in einen ausgedehnten quadratischen Hof. Dieser sollte auf allen Seiten über einer hohen Sockelzone von rundbogigen gewölbten Arkaden umzogen und an seiner Hauptfront über eine zweiarmige Freitreppe zugänglich sein. Die Ecken dieses Hallenbaus plante Strack geschlossen; sie zeigten mit Statuen in Nischen und einem Rundrelief darüber sowie mit bekrönenden Trophäen reicheren plastischen Schmuck. Andere Einzelheiten der skulpturalen Ausgestaltung lassen sich auf der Zeichnung nur schwer erkennen: so sollten offenbar (preußische) Adler die abschließende Balustrade schmücken, und für die Bogenzwickel waren Rundmedaillons geplant. »Werke der Malerei und Plastik« im Innern der Halle sollten den Sieg von 1864 verherrlichen.[167]

Es kam jedoch nicht zur Verwirklichung dieses Gedankens. Nach Vorlage weiterer Entwürfe entschied sich der König für die Ausführung einer Zeichnung Stracks, die die Säule über einem reich ausgebildeten Postament, ohne weitere architektonische Rahmung, zeigte.

Wenig später wurde Wilhelm erneut mit einer auf die Glorifizierung militärischer Stärke zielenden Ruhmeshallen-Idee konfrontiert. Im Anschluß an den deutsch-

---

Scharnhorst sowie einer Reihe von Historienbildern mit Szenen aus den Jahren der Erhebung ausgestattet worden. Vgl. dazu: Helmut Börsch-Supan, Marmorsaal und blaues Zimmer. So wohnten Fürsten, Berlin 1976, S. 132ff.; und ders., Die Kunst in Brandenburg-Preußen. Ihre Geschichte von der Renaissance bis zum Biedermeier dargestellt am Kunstbesitz der Berliner Schlösser, Berlin 1980, S. 254, Nr. 193.

[167] Huntemüller, in: Zentralblatt der Bauverwaltung 60, 1940, S. 166ff. mit Abb. S. 167. – Die Idee Stracks, ein National-Denkmal mit einer Ehrenhalle zu verbinden, war nicht neu; sie begegnet in der Geschichte der Denkmalskunst immer wieder; vgl. Anm. 151. – Auch Johann Friedrich Drake hatte übrigens in diesem Zusammenhang einen ähnlichen Vorschlag gemacht. Im Frühling 1865 modellierte er ebenfalls einen Entwurf für die Siegessäule. Er erdachte einen Kuppelbau, »der zur Aufnahme der Siegestrophäen und Aufstellung der Kriegsheldenstandbilder dienen sollte; rechts und links, auf Ausbauten, freistehende Schlachtszenen, und auf der Kuppel die so viel angefeindete Siegesgöttin. Aber sein Freund Strack, der Architekt, erklärte dies alles für ein Unding...« Zeitschr. f. bild. Kunst N. F. 16, 1905, S. 261; vgl. a. Volkmar Essers, Joh. Friedrich Drake (= Materialien zur Kunst des neunzehnten Jahrhunderts Bd. 20), München 1976, Kat. Nr. 104.

französischen Krieg wandte sich am 5. 6. 1871 der Berliner Architekt Julius Wendler in einem Schreiben an den preußischen König und entwickelte ihm seinen Plan für ein monumentales Siegesmal.[168]

Auf dem Tempelhofer Berg, im Schnittpunkt der beiden verlängerten Achsen von Friedrichstraße und Brandenburgstraße, sollte sich eine Ruhmeshalle »auf Terrassen in massigem Aufbau« erheben. Sie wäre nur etwa 600 Schritte vom Kreuzberg-Denkmal entfernt gewesen und hätte als ein Pendant zu diesem Monument der siegreichen preußischen Erhebung gegen Napoleon weithin sichtbar gemacht, was in der »kleindeutschen« Geschichtsschreibung so oft formuliert worden war: die Vorstellung nämlich, daß die Befreiungskriege von 1813/15 eine Art Vorstufe zur Reichsgründung von 1871 bedeuteten. Konnte es doch vom Krieg 1870/71 in pauschaler, den historischen Sachverhalt verfälschender Gleichsetzung heißen: »Preußen schlug hier sein Waterloo noch einmal, aber nun mit ganzer deutscher Wucht, mit der furchtbaren Unerbittlichkeit eines Weltgerichts, wie es sich einst auch an dem ersten Napoleonischen Kaiserreich erfüllt hatte, und als Vollstrecker nicht nur der deutschen Rache, sondern auch der deutschen Hoffnungen, um welche die Väter einst betrogen worden waren.«[169]

Die Friedrichstraße sollte bis zur Tempelhofer Ruhmeshalle hin verlängert und damit als Blickachse für die Fernwirkung des neuen Denkmals wirksam gemacht werden; zugleich wäre auf diese Weise eine geradlinige Verbindung mit dem staatlichen Repräsentationszentrum Berlins hergestellt gewesen. An dem Abschnitt, wo die neue Straße südlich vom Belle-Alliance-Platz die dort liegenden Kirchhöfe durchquert hätte, sollte zu beiden Seiten Raum für Kriegergräber und Monumente freigehalten werden. Es »entstünde so eine Denkmälerstraße, erinnernd an das Streben des Einzelnen und hinführend zu dem Monument, welches die Errungenschaften der Gesammtheit verherrlicht«.[170]

Wendlers Idee fand jedoch keinen Gefallen. Mit auffälliger Verzögerung, nach anderthalb Jahren, wurde dem Architekten im Dezember 1872 eine abschlägige Antwort erteilt.[171] Sollte Wilhelm I. sich damals schon intensiver mit anderslautenden Plänen für eine Ruhmeshalle beschäftigt und deshalb seine Zustimmung versagt haben?

Zwei andere Vorschläge, die Beiträge des Berliner Architekten Kurt Grunert und eines unbekannt gebliebenen Baumeisters zu einem Wettbewerb um die repräsentative

---

[168] ZSTA Merseburg Rep. 151 IV Nr. 2380, Bl. 52f. – Das Projekt wurde im übrigen in den Dioskuren 17, 1872, S. 127, zur Sprache gebracht.

[169] Eduard Schmidt-Weißenfels, Das neunzehnte Jahrhundert. Geschichte seiner ideellen, nationalen und Kulturentwicklung, Berlin 1890, S. 453.

[170] ZSTA Merseburg, Rep. 151 IV, Nr. 2380, Bl. 53. – Wendlers Plan erinnert an das von A. F. Krauß veröffentlichte Projekt eines Friedrichs-Denkmals: dort war ebenfalls der Tempelhofer Berg als Standort für das eigentliche Monument und weitere Denkmälergruppen vorgesehen, während die Wallfahrtsstraße dahin mit Monumenten »von Männern, die dem Vaterlande Ehre machten«, geschmückt sein sollte: Berlinische Monatsschrift 27, 1796, S. 12ff., das Zitat: S. 23.

[171] ZSTA Merseburg, Rep. 151 IV, Nr. 2380, Bl. 66.

Neugestaltung der Berliner Schloßfreiheit, kamen dann tatsächlich zu spät. Schon mehr als einmal hatte man in der preußischen Hauptstadt den Abriß der alten Häuserreihe zwischen Kupfergraben und Schloß gefordert: »Eine der schlimmsten Partien bildet die jetzige Bebauung der Schloßfreiheit mit ihrer rücksichtslosen Schaustellung der häßlichen Hinterseiten gegen die bedeutendste und monumentalste Straßenperspektive der Stadt.«[172] Unter den verschiedenen Umbauprojekten jener Jahre ragte das der Architekten Ebe und Benda hervor, die 1872 an Stelle der Wohnhäuser elegante Läden hinter niedrigen Kolonaden und davor die Aufstellung einer monumentalen Germania-Figur und eines Reiterstandbildes Wilhelms I. vorgesehen hatten.[173]

Eine Realisierung dieser oder anderer Pläne war jedoch von Staats wegen nie ernsthaft verfolgt worden. So mag das Motiv des Berliner Architektenvereins, zum 5. September 1874 eine außerordentliche Monatskonkurrenz um den Ausbau der Schloßfreiheit auszuschreiben, der Wunsch gewesen sein, die Angelegenheit voranzutreiben. »Die die Schloßfaçade verdeckende Häuserreihe der Schloßfreiheit soll entfernt und auf ihrer Stelle monumentale Bauwerke oder Denkmale oder Beides errichtet werden, welche einen geeigneten bedeutsamen Vordergrund zu dem dahinter liegenden Schlosse abgeben könnten«, so lautete die Aufgabe, an deren Lösung sich 5 Architekten beteiligten. Als Sieger ging Kurt Grunert aus dem Wettbewerb hervor.[174]

In Anlehnung an die erwähnten Entwürfe von Ebe und Benda hatte auch er eine *Abb. 55–57* niedrige, die Sicht auf das Schloß nicht hindernde Hallen-Architektur vorgeschlagen, die sich am Kupfergraben entlang bis an die Schleusenbrücke erstreckte. Sie sollte jedoch im Gegensatz zu den älteren Plänen »höheren« Zwecken, nämlich dem Andenken preußischer, speziell hohenzollernscher Größe dienen. Die geplante Anlage bestand aus zwei rechtwinklig zueinander angeordneten, ungleich langen Flügeln. Diese flankierten eine in der Achse des Eosander-Portals liegende, halbrund in den Kupfergraben vorspringende Säulenhalle und bildeten mit ihr einen zum Schloß orientierten »Ehrenhof«. Hier befanden sich die Zugänge zu den Flügelbauten, die als dreischiffige, zur Wasserseite hin in Rundbogen-Arkaden geöffnete Hallen geplant waren, und in denen »alle auf die Geschichte der Hohenzollern bezüglichen Gegenstände« zur Schau gestellt werden sollten.[175]

Das ausschließlich auf die Glorifizierung des Herrscherhauses hin angelegte Gebäude wäre nach außen als denkmalhafte Architektur in Erscheinung getreten. So sollten die Kopfbauten der Flügel als mächtige Triumphbögen gestaltet werden, und aus der

---

[172] Dioskuren 19, 1874, S. 346.

[173] IZL 1872, S. 175ff. mit Abb. – Der Bär 1879, S. 185, 188. – Dioskuren 17, 1872, S. 295ff., 302ff., mit Abb. – DBZ 15, 1881, S. 511f. – Wochenblatt für Baukunde 10, 1888, S. 55f. – Man sieht, daß der später von Wilhelm II. für das Nationaldenkmal für Wilhelm I. gewählte Standort seine lokale Tradition hatte.

[174] Der gedruckte Text der Ausschreibung ist vorhanden in der Plansammlung der Technischen Universität, Berlin; dort auch die Entwürfe (Inv.-Nr. MK 1874, Bd. 39, Bl. 81–83, 85–90) sowie der Text der Beurteilungs-Kommission. – Zu Grunert (1843–1902) vgl. den Nekrolog in DBZ 37, 1903, S. 15, 271. Sein Entwurf (Inv.-Nr. MK 1874, Bd. 39, Bl. 81–83) wurde veröffentlicht in: WAI 3, 1881, S. 401f. mit Abb.; er ist erwähnt auch in: Dioskuren 19, 1874, S. 346.

[175] WAI 3, 1881, S. 402.

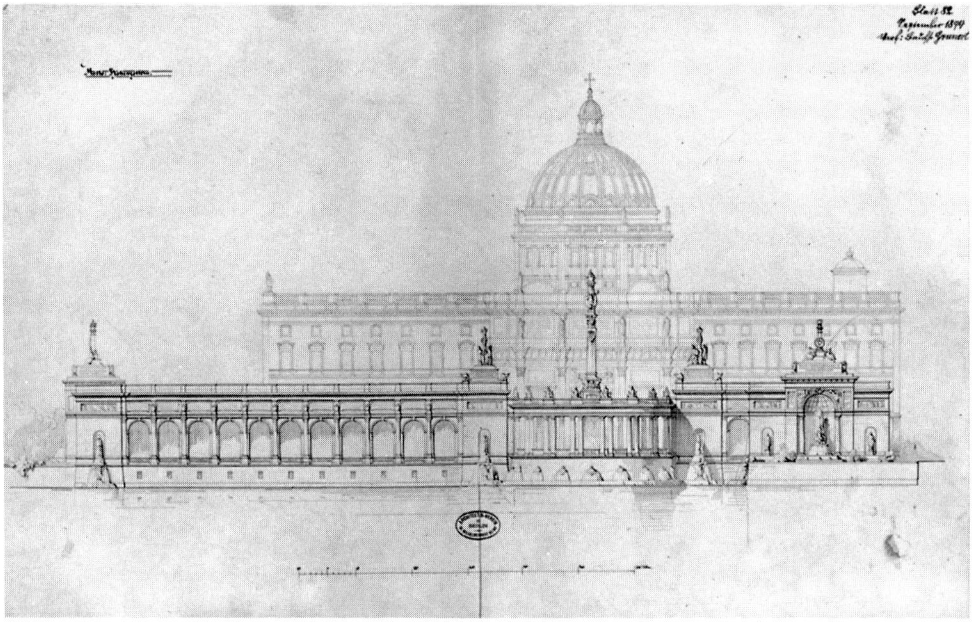

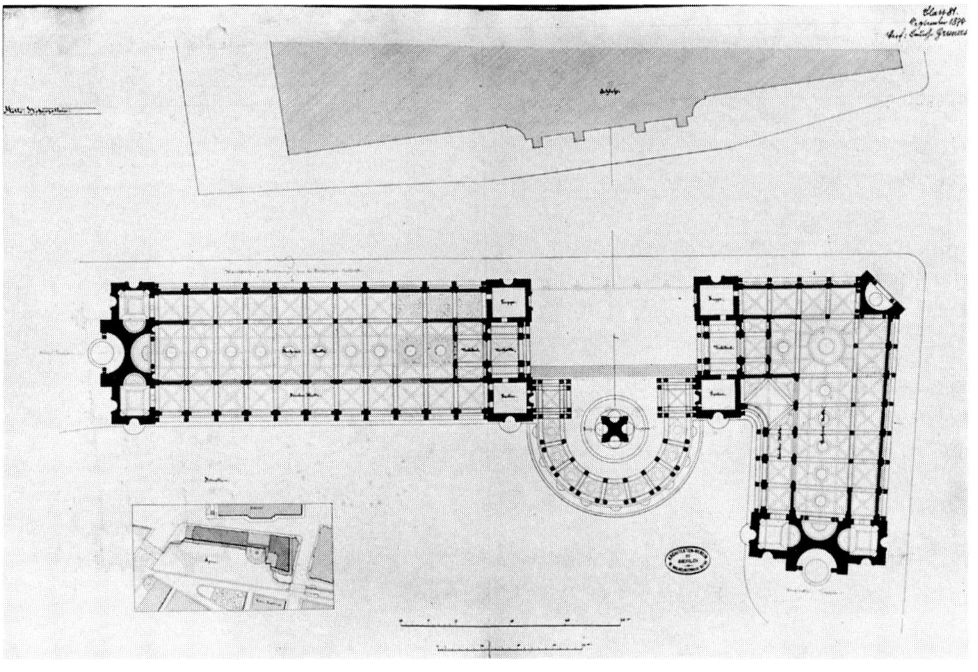

Abb. 55, 56 Kurt Grunert, Entwürfe für eine Ruhmeshalle auf der Schloßfreiheit, 1874.

Mitte der halbrunden Halle hätte sich eine hohe Säule erhoben. Ein reiches bauplastisches Programm sollte diesen Denkmalscharakter unterstreichen. Als Symbole für die geschichtliche Entwicklung Preußens und der Hohenzollern-Dynastie hätten die

Abb. 57 Kurt Grunert, Entwurf für eine Ruhmeshalle auf der Schloßfreiheit, 1874.

»Kurfürsten-Trophaee« (auf dem westlichen Kopfbau), die »Königs-Trophaee« (auf dem nördlichen Kopfbau) sowie die »Kaiser-Trophaee« (auf der Säule der vorspringenden Halle) gegolten: Nachbildungen des Kurfürstenhutes, der preußischen Königskrone und der Kaiserkrone des neuen Reiches auf wappengeschmückten säulenartigen Postamenten.[176]

Schließlich dachte Grunert an eine Ausmalung der landwärts gerichteten Hallenfassaden. Diese Fronten sollten durch hohe Rundbogenfelder gegliedert sein und damit Raum für »Darstellungen aus der preußischen Geschichte« bieten.[177] Inschrifttafeln und preußische Adler als Wappenhalter sowie Relieffelder (nur an den Kopfbauten) waren als Schmuck für die Wandzone über den Arkaden gedacht.

Wie Grunert hatte sich auch ein anonym gebliebener Wettbewerbsteilnehmer für den Bau einer Ruhmeshalle an Stelle der Häuserreihe entschieden.[178] Es handelt sich bei seinem Vorschlag um zwei Kuppelbauten über quadratischem Grundriß, die als genaue Pendants, bezogen auf die Achse des Eosander-Portals, errichtet werden sollten – was eine monumentale Akzentuierung der Schloßfreiheit und eine platzartige Wirkung ergeben hätte. Jedes der beiden Gebäude war allseitig gleich durchgebildet, nämlich auf den vier Seiten durch hohe Rundbogen-Portale mit vorgelagertem über- *Abb. 58*

[176] So die Beischrift auf Bl. 81.

[177] So die Beischrift auf Bl. 81. – Bl. 83 bietet eine Detailskizze für eines dieser Wandfelder.

[178] Der Entwurf mit dem Titel »September« (Inv.-Nr. MK 1874, Bd. 39, Bl. 88) vereinigt eine Ansicht, einen Situationsplan und einen erklärenden Text auf einem Blatt.

giebeltem Portikus zugänglich.[179] Nicht nur durch ihre Anordnung, sondern auch durch die Wiederaufnahme einzelner Bauglieder des Schlosses (etwa der gleich hohen Säulen, des in derselben Höhe befindlichen Konsolgesimses, der gleich hohen Portale und des Motivs der Kuppel) wollte der Architekt die beiden Hallen offenbar als eine bauliche Erweiterung der Residenz verstanden wissen.

In einer der von Viktorien (auf den Laternen) und Trophäen (auf den Eckpfeilern der Attika) bekrönten Kuppelbauten dachte er sich seinem erklärenden Text zufolge das »Reiterstandbild Friedrichs I., ersten Königs von Preußen u. Erbauer des Schlosses in seiner jetzigen Gestalt, sowie die Statuen der berühmtesten Männer seiner Zeit« aufgestellt. In dem anderen Bau sollten die Reiterstatue Wilhelms I. sowie die Standbilder bedeutender Männer der Gegenwart zu sehen sein.

Die lokale denkmalsgeschichtliche Tradition Berlins ist für die Einrichtung der »Ruhmeshalle« wohl ebenso von Bedeutung gewesen wie die eingangs geschilderte allmähliche Wandlung des Zeughauses selbst: aus dem eher zweckorientierten Magazinbau hatte sich im Laufe des 19. Jahrhunderts ein waffenhistorisches Museum und preußisches Geschichtsdenkmal entwickelt, dessen sachliche Funktion jedoch noch immer nicht völlig aufgegeben worden war.

Was lag näher, als nach dem Sieg über Frankreich und der Gründung des »kleindeutschen«, unter Preußens Führung stehenden Kaiserreiches den Schritt zu tun, dieses durch seine Geschichte, seine Lage, seine äußere Erscheinung und seine Bestimmung gleichermaßen prädestiniert erscheinende Gebäude in einen reinen Denkmals- und Museumsbau, in eine »Ruhmeshalle für die preußische Armee«, umzuwandeln?

Ausserpreussische Beispiele:

Versailles

Die Adaption einer historisch bedeutungsvollen Architektur, ihre Umgestaltung in ein politisch wirksames Denkmal, hatte König Wilhelm gerade erst in Frankreich kennengelernt. Dort war, wie erwähnt, im Versailler Schloß durch Louis-Philippe mit Hilfe eines umfangreichen, über viele Räume und den Ehren-Hof verteilten Gemälde- und Skulpturenprogramms ein Musée Historique geschaffen worden. Versailles, einstiges Denkmal französischer Königsmacht, sollte zu einem Monument nationalen Ruhmes werden. Die Absicht des Bürgerkönigs war dabei, den Besucher angesichts der glorreichen Geschichte Frankreichs auf die Größe und Einheit der Nation einzuschwören und ihn aufzufordern, einen Beitrag zur Überwindung der gegenwärtigen innenpolitischen Zersplitterung zu leisten.

Dieser Gedanke begegnete vor allem auch im Programm der Galerie des Batailles,

---

[179] Nicht alle Schmuckelemente, wie Inschriften und Giebelskulpturen an den Vorhallen, sind identifizierbar.

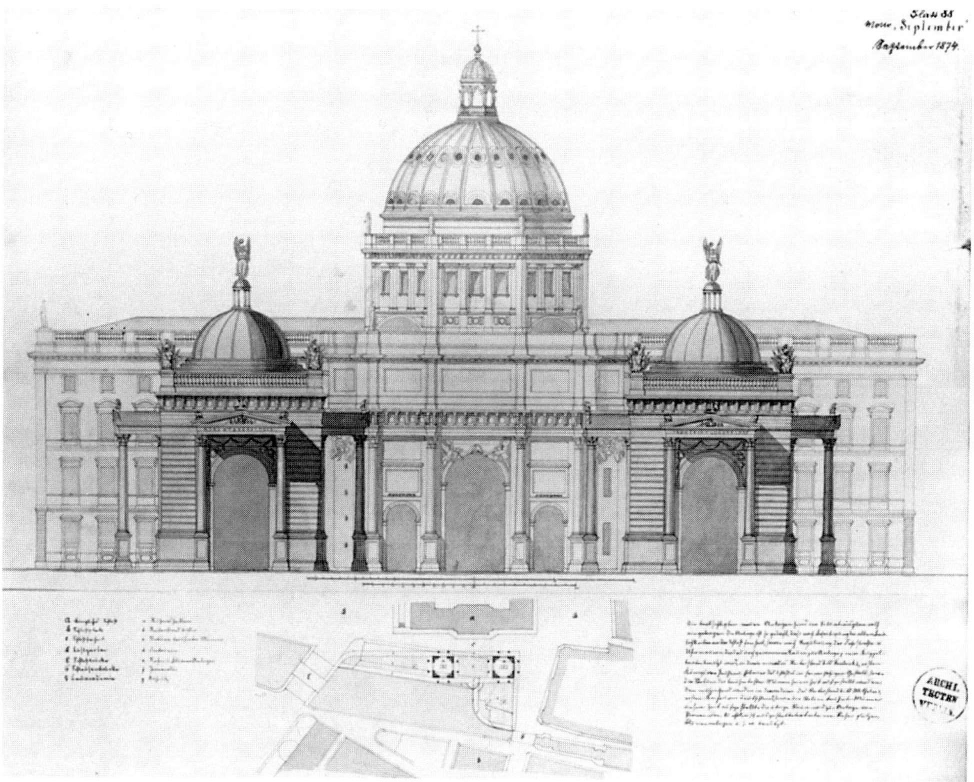

Abb. 58 Anonym, Entwurf für eine Ruhmeshalle auf der Schloßfreiheit, 1874.

die sich im Südflügel des Schlosses befindet. Es handelt sich um einen langgestreckten, ca. 120 × 13 m messenden Raum, der durch triumphbogenartige Durchgänge rhythmisiert wird. 33 großformatige Gemälde bedecken die vier Wände des Saales; sie vergegenwärtigen siegreiche Kämpfe, wobei die Gemäldefolge mit der »Schlacht von Tolbiac« (496 n. Chr.) einsetzt und mit der »Schlacht von Wagram« (1809) endet. Im Zentrum dieser Darstellungen stehen die nationalen Helden, denen Frankreich seine Größe verdankt. Büsten bedeutender Feldherrn, aufgestellt vor den Historienbildern, sowie Memorialtafeln mit den Namen berühmter Heerführer vervollständigen das Programm der Galerie. Zwei Säle mit Gemälden (der Saal von 1792 und der von 1830) sowie ein parallellaufender Gang: die Galerie de Pierre mit Statuen, erweitern die Aussage des Hauptraumes.[180]

Abgesehen von der Vergleichbarkeit im Grundsätzlichen der Denkmalsidee sowie von der Kombination mehrerer Schlachtenbilder und Büsten bestehen allerdings keine engeren Zusammenhänge mit der Berliner »Ruhmeshalle«.

---

[180] Vgl. zur Galerie des Batailles die Untersuchung von Thomas W. Gaehtgens, wie Anm. 23.

Das Wiener Arsenal

Den entscheidenden Impuls für die Umwandlung des Berliner Zeughauses in ein Museum und Denkmal zugleich hatte offenbar – wie schon angedeutet – eine andere, ebenfalls sehr anspruchsvolle Realisierung der »Ruhmeshallen«-Idee gegeben: das Waffenmuseum im Wiener Arsenal.[181] Wir können davon ausgehen, daß Wilhelm I. das Arsenal während seines Wiener Aufenthaltes im Oktober 1873 anläßlich der dortigen Weltausstellung besichtigte – galt es doch »in militärischer Hinsicht und im Hinblick auf seine großartigen Hilfsmittel im Falle der Kriegsbereitschaft« als »eines der sehenswürdigsten Etablissements der Gegenwart; in Bezug auf seine Ausdehnung, seine Architektur und Bautechnik« als »eine der großartigsten Bauanlagen der Neuzeit« (H. Ritter von Förster, 1866).[182]

Mit seiner Errichtung (1849–1856) – übrigens einer Folge der Erstürmung und Plünderung des alten kaiserlichen Zeughauses während der Revolution von 1848 – hatte man die bislang verstreuten Waffendepots, Werkstätten und Gewehrfabriken, die Gießereien, Kasernen und Verwaltungsstellen zu einer festungsartigen Anlage

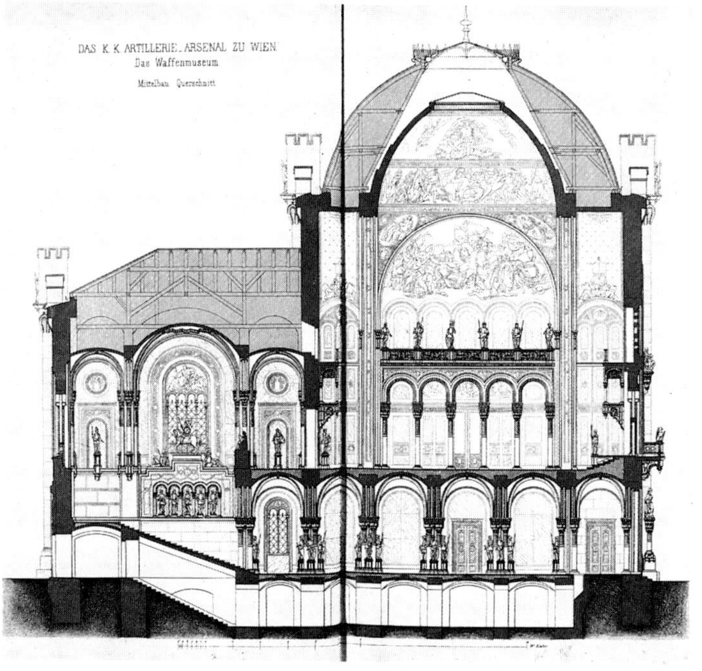

Abb. 59 Wiener Arsenal, Waffenmuseum. Querschnitt.

181 Auf diesen Bau ist im übrigen auch in den »Motiven« des 2. Gesetzentwurfs zur Umwandlung des Zeughauses hingewiesen worden: wie Anm. 51, S. 47.

182 Zum Arsenal vgl. Vancsa, wie Anm. 23; das Zitat ebda S. 4.

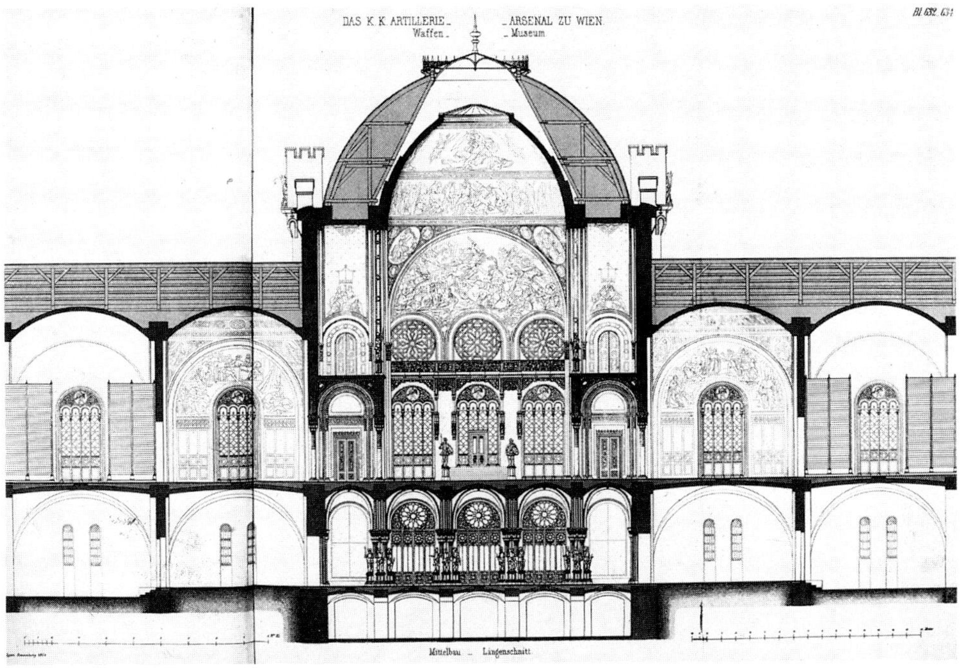

Abb. 60 Wiener Arsenal, Waffenmuseum. Längsschnitt.

zusammengefaßt.[183] Bedeutendstes Bauwerk und eigentlicher Mittelpunkt dieses Komplexes war das Waffenmuseum, das – abgesehen von seiner musealen Funktion – als Magazin und vor allem als Ruhmesstätte der österreichischen Armee und des Hauses Habsburg diente. Es war, als erstes Sammlungsgebäude Wiens überhaupt, von Theophil Hansen zwischen 1850 und 1857 erbaut worden; seine Ausgestaltung mit Wandbildern konnte 1872, sein reiches plastisches Programm 1877 vollendet werden.[184]

Hansen hatte einen doppelgeschossigen, langgestreckten Bau von durchaus eigenem, aus byzantinischen, maurischen und gotischen Elementen zusammengesetzten Stil entworfen. Zwei durch quergelagerte Kopfbauten abgeschlossene Flügel flankieren einen kuppelüberwölbten Mittelbau. Sie waren für die Aufstellung der kaiserlichen Waffensammlung (im Obergeschoß), vor allem aber auch für die Lagerung der modernen Gewehre (im Erdgeschoß) bestimmt. Der Mittelbau blieb den eigentlichen

---

[183] An der Planung der Anlage waren 5 Architekten beteiligt: Carl Rösner, August Sicard von Sicardsburg, Eduard van der Nüll, Ludwig Förster und Theophil Hansen. – Vgl. im übrigen die Grundrisse und Ansichten in: Allgemeine Bauzeitung (Atlas) 15, 1850, Bl. 307; ebda 29, 1864, Bl. 622–636; ebda 30, 1865, Bl. 706f.

[184] Zu diesem Bau: Alice Strobl, Das K. K. Waffenmuseum im Arsenal, Graz-Köln 1961. – Johann Christoph Allmeyer-Beck, Das Heeresgeschichtliche Museum Wien. Führer durch das Museum, Salzburg 1981. – Das Gebäude, 1944 teilweise zerstört, wurde wiederhergestellt.

Abb. 61 Wiener Arsenal, Waffenmuseum. Ruhmeshalle.

Gedenkräumen: der »Feldherrnhalle« im Erdgeschoß und der »Ruhmeshalle« im Obergeschoß, vorbehalten.

Abb. 59 *Abb. 60* Der Besucher gelangt zunächst durch eine Vorhalle in die sog. Feldherrnhalle: einen fünfschiffigen, dreijochigen Raum mit dreischiffigem, zweijochigem Annex, den Kreuzrippengewölbe auf Pfeilern überfangen. Hier und in der Vorhalle sieht man insgesamt 56 lebensgroße Marmorstatuen von Kriegsfürsten und Feldherrn Österreich-Ungarns um die Freipfeiler und vor den Wandpfeilern gruppiert.

Das ins Obergeschoß führende, gegenüber dem Eingang gelegene Treppenhaus wurde mit vier weiteren Feldherrnstandbildern, den Büsten zweier Admiräle, dem Bildnis Kaiser Franz Josephs I., einer Marmorgruppe der »Austria« sowie allegorischen, sich allgemein auf das Kriegswesen beziehenden Wand- und Deckenmalereien reich ausgestaltet.[185]

Abb. 61 Drei Flügeltüren am Ende der dreiläufigen Treppe (zweiarmig, mit gemeinsamem Antritt) ermöglichen den Zugang zur Ruhmeshalle, die mit ihrem Hauptraum über der Feldherrnhalle liegt. Es handelt sich um eine Folge von drei Sälen: einen großen

[185] Die hier abgebildeten Quer- und Längenschnitte durch den Mittelbau (Allgemeine Bauzeitung 29, 1864 [Tafelband], Bl. 632/34 und 635/36) stammen aus der Zeit der Planung der programmatischen Ausgestaltung; gerade im Hinblick auf das Treppenhaus und den Kuppelraum hatte man in der Folgezeit Änderungen vorgenommen: Strobl, wie Anm. 184, S. 67ff.

Hauptsaal über kreuzförmigem Grundriß flankieren zwei kleinere Räume von rechteckigem Grundriß. Während die beiden Nebenhallen von Platzlgewölben überfangen werden, überspannt den mittleren Saal eine in ca. 26 m Höhe endende Pendentifkuppel. Die seitlichen tonnengewölbten Kreuzarme dieses Kuppelraumes werden durch Säulenarkaden mit Emporen abgetrennt.

Die Wände und Decken aller drei Ehrenhallen sind mit Fresken ausgeschmückt: sie zeigen allegorische Darstellungen sowie Ereignisse aus der österreichischen Landes- und vor allem Kriegsgeschichte, beginnend mit der Epoche der Babenberger und endend mit Szenen aus dem Italienfeldzug 1848/9 (von Carl Blaas). In den Nebensälen sieht man diese Szenen in den oberen Wandzonen und an der Decke, im Hauptraum an den Schildbogenfeldern oberhalb der Emporen, in den Pendentifs und in der Kuppel selbst. Eine reiche Ornamentik von Stuckmarmor-Intarsien an allen Wänden, ein farbiger Mosaikfußboden, Inschrifttafeln mit den Namen gefallener Generäle und Obersten an den Wänden, von den Emporen herabhängende kaiserliche Regimentsfahnen sowie schließlich türkische, preußische und französische Beutestücke vervollständigen bzw. vervollständigten ursprünglich die höchst aufwendige Ausstattung der Ruhmeshalle.[186]

In vielen Punkten sind Parallelen zwischen dem Wiener und dem Berliner Denkmalsbau festzustellen. In beiden Fällen handelt es sich um eine Kombination von wissenschaftlich ausgerichtetem Museum und nationaler, hervorragende Leistungen der Armee verherrlichender Gedenkstätte. Im Hinblick auf die Realisierung dieser grundlegenden Idee war es beiden Bauherrn – Franz Joseph I. und Wilhelm I. – um die Schaffung eines Gesamtkunstwerks aus Architektur, Skulptur und Malerei gegangen, zu dessen Verwirklichung eine Vielzahl von anerkannten Künstlern des Landes herangezogen wurde.

Von dieser Übereinstimmung im Grundsätzlichen abgesehen, lassen sich auch im Einzelnen Zusammenhänge bemerken. Das gilt zunächst für die Anlage von drei nebeneinanderliegenden Sälen mit einem kuppelüberwölbten zentralen Raum von besonderer Größe. Ferner ist in Hinsicht auf die Gliederung des Hauptraumes eine Ähnlichkeit unübersehbar: die unteren Wandzonen sind in Rundbogen-Arkaden bzw. rundbogig abschließende Wandfelder unterteilt, die oberen Wandzonen in große, Raum für Malereien bietende Schildbogenflächen. Und selbst die Ausgestaltung der Kuppelzone mit Medaillons in den Pendentifs und einem umlaufenden Fries im Kuppelrund kann man vergleichen.

Schließlich gibt es Analogien in der Konzeption des Programms – so unterschiedlich dieses dem Inhalt nach in Einzelheiten zwangsläufig sein mußte. In beiden Denkmalsbauten waren bzw. sind die berühmtesten Kriegsfürsten und Feldherrn des Landes durch Bildnisse geehrt: in Berlin durch Büsten, in Wien durch Büsten und Statuen, deren Ausführung (wie ähnlich dann in Berlin) 32 verschiedenen Bildhauern übertragen worden war.[187] Darüber hinaus hatte man an beiden Orten Hauptszenen

[186] Vgl. Strobl, wie Anm. 184, S. 104f. – Allmeyer-Beck, wie Anm. 184, S. 26f.

[187] Strobl, wie Anm. 184, S. 93ff., 125f.

aus der nationalen Kriegsgeschichte wiedergegeben, und auch auf die Aufstellung der Landespersonifikationen: der »Austria« bzw. der »Borussia«, wurde nicht verzichtet.[188]

Abb. 62

[188] Strobl, wie Anm. 184, S. 90. – 1859 war in Österreich eine andere »Ruhmeshalle für die Österreichische Armee« vollendet worden: die Initiative und Durchführung war von privater Seite, von dem Armeelieferanten Josef Pargfrieder, ausgegangen. Er hatte im Park seines Herrensitzes Kleinwetzdorf (Niederösterreich) eine eindrucksvolle, noch erhaltene Denkmäleranlage, den sog. »Heldenberg«, errichten lassen. Sie war als Erinnerung an die österreichischen Feldzüge von 1848 und 1849 gedacht. Vereinigt waren eine Säulenhalle, ein hoher Obelisk über der Grabstätte Radetzkys, Wimpffens und Pargfrieders, zwei Siegessäulen, Porträtstatuen, allegorische Gruppen sowie 142 Zink- und Eisenguß-Büsten österreichischer Heerführer und Herrscher. Diese 142 Büsten hatte Pargfrieder zu verschiedenen Gruppen zusammengefaßt. Er ordnete sie um die Säulenhalle und die beiden Siegessäulen und stellte sie zu zwei Denkmäleralleen zusammen. Vgl. dazu: IZL vom 9. 4. 1903. – A. Hofmann, wie Anm. 145, S. 753. – Berliner Illustrierte Zeitung 12, 1903, S. 263. – Gunther Martin, Der Heldenberg, Führer durch die Gedenkstätte . . ., Stein o. J. – Sylvia Vocelka-Zeidler, Schloß Wetzdorf, Baden/Bad Vöslau 1979.

Abb. 62 Kleinwetzdorf, Ruhmeshalle für die Österreichische Armee.

ZUR INTERPRETATION DES PROGRAMMS

Da es sich bei der Ausgestaltung der »Ruhmeshalle« um einen staatlichen Auftrag handelte, es um eine Selbstdarstellung der preußischen Nation ging, muß man voraussetzen, daß das inhaltliche Konzept dieses Denkmals nicht den verschiedenen Künstlern überlassen war. Zeitgenössischen Berichten zufolge hatte Wilhelm I. selbst die darzustellenden Herrscher und Feldherrn bestimmt sowie die Themen für die Malereien festgelegt. Ob der Kaiser und König – wenn diese Nachrichten zutreffen – bei seinen Anordnungen Vorschlägen von anderer Seite folgte, wissen wir nicht. Es liegt jedoch angesichts der durchdachten, in sich schlüssigen und keineswegs nur auf *einen* Gedankengang beschränkten Konzeption des Programms nahe, einen historisch gebildeten Berater Wilhelms I. anzunehmen: erinnert sei in diesem Zusammenhang daran, daß Leopold von Ranke und der damalige Kultusminister Moritz August von Bethmann-Hollweg für den 1860 ausgeschriebenen Wettbewerb um das Berliner Nationaldenkmal Friedrich Wilhelms III. zwei das Sockelprogramm betreffende Vorschläge ausgearbeitet hatten.

In gleichsam schlagwortartiger Kürze zusammengefaßt erschien das Gesamtprogramm der »Ruhmeshalle« an der Hauptschauseite der »Herrscherhalle«, also an der Nordwand, dem Eingang gegenüber. Dort traten dem Betrachter auf zwei Ebenen – realistisch und allegorisch – die Grundgedanken entgegen, die das Gemälde- und Skulpturenprogramm der drei Ehrenhallen insgesamt bestimmten.

Im Zentrum, vor der Mittelnische, sah man die überlebensgroße Figur der friedenbringenden Viktoria, flankiert von den Statuen des Großen Kurfürsten und Kaiser Wilhelms I. Auf den unteren Wandflächen war links die »Krönung Friedrichs I. in Königsberg 1701« und rechts, hinter dem Standbild Wilhelms I., die »Kaiserproklamation zu Versailles 1871« dargestellt – ein Ereignis, das in allegorischer Form dann noch einmal im darüberliegenden Schildbogenfeld mit der »Wiedererrichtung des Kaiserreiches 1871« veranschaulicht wurde. Im Kuppelring schließlich erblickte man als den Anfang des Triumphzugfrieses die Gruppe des »Kriegsaufbruchs«.

Abb. 19 *Abb. 25* *Abb. 28* *Abb. 29*

Mit den beiden Herrscherstatuen waren die Eckdaten des Programms gegeben: mit Friedrich Wilhelm, dem Großen Kurfürsten, hatte nach allgemeiner Auffassung der Aufstieg des brandenburgisch-preußischen Staates eingesetzt; mit Wilhelm I. und dem hohenzollernschen Kaisertum war der vermeintliche Höhepunkt dieser Entwicklung erreicht und zugleich eine neue preußisch-deutsche Geschichtsepoche eingeleitet. Die durch die Standbilder schon nahegelegte Vorstellung einer seit zwei Jahrhunderten kontinuierlich verfolgten, auf die Reichsgründung von 1871 hinführenden Politik Preußens brachten nochmals deutlicher dann die Krönungsszenen von 1701 und 1871 zur Anschauung. Mit diesen Bildern – für die Anton v. Werner bezeichnenderweise ein fast gleichartiges Kompositionsschema gewählt hatte! – waren zwei Gipfelpunkte der preußischen Geschichte miteinander kombiniert, die den Weg des Landes von einer werdenden Großmacht hin zur herrschenden Vormacht im Reiche vergegenwärtigten.

Als Darstellungsmodus für die Gemälde auf den Schildbogenfeldern hatte man die – in der offiziellen Kunst des 19. Jahrhunderts mehr als einmal angewandte – Form der Allegorie benutzt: bot sie doch die Möglichkeit, einen Inhalt weitaus differenzierter und gedanklich prägnanter zum Ausdruck zu bringen, als dies in einem realistischen Ereignisbild geschehen kann. Auf der Hauptschauseite der »Herrscherhalle« sollte in der Reichs-Allegorie durch die verklärte Phantasie-Gestalt »Barbarossa-Barbablancas« auf den Glanz des deutschen, durch Preußen zu neuem Leben erweckten Kaisertums verwiesen werden.

Mit dem »Aufbruch in die Schlacht«, der oberhalb der »Wiedererrichtung des Kaiserreiches 1871« im Kuppelfries zu sehen war, und mit der zentralen, durch die Nische triumphal überhöhten Statue der Viktoria schließlich wollte man auf eine der grundlegenden historischen Voraussetzungen des eben begründeten neuen Reiches: auf den Krieg gegen Frankreich, den Sieg über Napoleon III. und damit zugleich auf die militärischen Traditionen und Leistungen Preußens anspielen. Die enge inhaltliche Verknüpfung der Siegesgöttin mit den darüber befindlichen allegorischen Darstellungen kam dabei im übrigen nicht nur durch deren räumliche Zuordnung ganz unmittelbar zur Anschauung. Auch durch die Haltung der triumphierend hochgereckten, den Siegerkranz haltenden Rechten der Viktoria wurde der Blick des Betrachters hinauf zur Reichs-Allegorie und weiter zur Triumphzugsgruppe gelenkt.

Drei Gedanken verband also das Programm der Hauptschauseite miteinander: die Vorstellung von einer seit langem zielstrebig auf die Einigung Deutschlands hin angelegten preußischen Politik und damit die historische Begründung der endgültig 1871 errungenen Vormacht im »kleindeutschen« Reich; die Idee einer Wiederanknüpfung an hohenstaufische Kaiserherrlichkeit durch die Hohenzollern mit dem Ziel, das neue Reich auf diese Weise durch die Geschichte legitimiert und »nobilitiert« erscheinen zu lassen; schließlich den Hinweis auf die fundamentale Bedeutung des Militärs für Preußen und das Reich. Von diesen drei Aspekten, deren Hintergründe im folgenden nur knapp angedeutet werden können, wurde das Zeughaus-Programm insgesamt bestimmt. Alle drei Gesichtspunkte liefen auf eine Verherrlichung des monarchischen Staates und des bedingungslosen Dienstes an der Nation, wie die Armee ihn verkörperte, hinaus – was zweifellos in der Absicht der Auftraggeber lag: in den Jahren der aufbrechenden innenpolitischen Gegensätze sollte der Besucher der »Ruhmeshalle« auf die Monarchie und das Beispiel der Armee eingeschworen werden.

Die politisch geprägte Auffassung, in der Geschichte Preußens die Vorgeschichte des Reiches von 1871 finden zu können, läßt sich als Ausdruck der vor allem durch Johann Gustav Droysen bestimmten und seit der Reichsgründung vorherrschenden »borussischen« Historiographie begreifen. Sie bezeichnete die Hohenzollern von deren Anfängen an als die Träger des Reichsgedankens und damit als die eigentlichen Erben der Staufer, als Wahrer der »ghibellinischen« Idee bis in die Gegenwart hinein.[189] Mit dem

Untergang des Hohenstaufenreichs in der »territorialen Zerreißung« habe – wie Droysen in seiner seit 1855 erschienenen, für den Borussianismus so bedeutungsvollen »Geschichte der Preußischen Politik« meinte – die »nationale« Aufgabe ohne Erfüllung bleiben müssen.[190] Ihrer sich anzunehmen, das deutsch-nationale Interesse mit Kraft zu verfolgen, sei unter dem Großen Kurfürsten dann der brandenburgisch-preußische Staat angetreten, der fortan »trotz Kaiser und Papst, unter der stets regen Mißgunst aller außerdeutschen und undeutschen Politik, nicht aufgehört (habe), tief und tiefer in Deutschland hineinzuwachsen und das wieder erwachende, wieder schöpferische Leben der Nation um sich her und in sich zu sammeln«.[191]

Eine derart konstruierte deutsch-nationale Kontinuität der brandenburgisch-preußischen Entwicklung konnte später, nach 1871, als Möglichkeit genutzt werden, die Errichtung des »kleindeutschen« Kaisertums historisch zu rechtfertigen und den Anspruch Preußens auf eine Hegemonialstellung im Reiche zu untermauern. Die Grußadresse etwa, die die Städtischen Behörden Berlins anläßlich der Rückkehr des Kaisers vom Frankreich-Feldzug am 20. 3. 1871 überreichten, gab diesem Gedanken deutlichen Ausdruck: »So ist erreicht durch lange harte Arbeit, nicht durch des Glückes Gunst, daß Preußen jetzt herrlich dasteht unter den Völkern der Erde. Und was Preußen gewonnen hat, gewonnen war es für Deutschland... Deutschlands Wiedergeburt durch Preußens Größe, das ist das Ziel, dem alle jene trefflichen Fürsten (gemeint sind die preußischen Regenten vor Wilhelm I.; d. Vf.) dienten. Dieses hohe Ziel in voller Klarheit erkannt, den Weg, der dazu geführt, mit festem Schritt verfolgt, die Hemmnisse, die sich entgegenstellten, mit mächtigem Arm zertrümmert zu haben, ist Euer Kaiserlichen und Königlichen Majestät hellstrahlendes unsterbliches Verdienst.«[192]

In diesem Sinne ist die Abfolge der acht Standbilder preußischer Regenten in der »Herrscherhalle« zu interpretieren, und auch die Versammlung preußischer Helden, *Abb. 35* Könige und Feldherrn, die in der Allegorie »Walhalla« den Fürsten und Kaisern der germanischen Frühzeit und des Mittelalters an die Seite gestellt erschien, läßt sich nur

---

[189] Vgl. Heinz Gollwitzer, Zur Auffassung der mittelalterlichen Kaiserpolitik, in: Dauer und Wandel der Geschichte. Festgabe für Kurt v. Raumer, Münster 1966, S. 501ff. Günther Birtsch, Die Nation als sittliche Idee, Diss. Köln 1964 (= Kölner Historische Abhandlungen Bd. 10), S. 242ff. – Wolfgang Hardtwig, Geschichtsinteresse, Geschichtsbilder und politische Symbole in der Reichsgründungsära und im Kaiserreich, in: E. Mai und S. Waetzoldt, Kunstverwaltung, Bau- und Denkmal-Politik im Kaiserreich, Bd. 1, Berlin 1981, S. 47ff., bes. S. 54f. mit weit. Lit.

[190] Zit. nach Birtsch, wie Anm. 189, S. 243.

[191] Zit. nach Birtsch, wie Anm. 189, S. 244. – Vgl. auch Jürgen Mirow, Das alte Preußen im deutschen Geschichtsbild seit der Reichsgründung (= Historische Forschungen Bd. 18), Berlin 1981, S. 54ff.

[192] Abgedruckt bei: Ferdinand Schmidt und Franz Otto, Kaiser Wilhelm, der Wiederhersteller des Deutschen Reichs, und seine Zeit, Leipzig 1878[2], Bd. 2, S. 445f. – Man vergleiche in diesem Zusammenhang auch das Programm des Kaiser-Wilhelm-Turms im Berliner Grunewald (1897/99 von Franz Schwechten errichtet): hier wird im Deckenmosaik der Gedenkhalle in der Bildfolge von Topfhelm, Kurfürstenhut, preußischer Königskrone und neuer Kaiserkrone die Errichtung des Reiches von 1871 als Höhepunkt brandenburgisch-preußischer Dynastiegeschichte gefeiert (zum Turm vgl. M. Arndt, wie Anm. 95, S. 105f.).

als Auswirkung der »borussischen« Historiographie erklären.[193] Diese Geschichtsauffassung prägte im Hinblick auf den gewählten zeitlichen Rahmen und auf die Akzentsetzungen auch die Thematik der 16 Historienbilder mit den ihnen zugeordneten 32 Feldherrnbüsten. Von den Erfolgen des Großen Kurfürsten und Friedrichs II. wurde der Besucher über die Höhepunkte der Befreiungs- und der Einigungskriege bis hin zur siegreichen Schlacht von Sedan geleitet. Er sollte dabei erfahren, daß es in erster Linie die Verdienste der preußischen Armee und die Leistungen der preußischen Regenten gewesen seien, die – immer schon unter dem Zeichen nationalstaatlicher Politik! – in langen kriegerischen Auseinandersetzungen schließlich das ersehnte Ziel: die Einigung Deutschlands und die Erneuerung der deutschen Kaiserwürde, erreicht hätten.

Der zweite dem Programm zugrundeliegende Gedanke war die Veranschaulichung einer behaupteten Kontinuität zwischen dem in romantischem Schimmer gesehenen mittelalterlichen, speziell hohenstaufischen Kaisertum und dem eben begründeten neuen Reiche.[194] Die »borussische« (bzw. »ghibellinische«) Geschichtsauffassung hatte sich zur Aufgabe gemacht, Erinnerungen an die »alte Kaiserherrlichkeit« als werbende Kraft für das »wieder«errichtete neue Kaisertum nutzbar zu machen. Sie beschwor den Glanz der hohenstaufischen Epoche, wobei im Hinblick auf die protestantische Tradition Preußens der Kampf Barbarossas gegen den Papst von großer Bedeutung war und eine Verknüpfung der Vergangenheit mit der vom »Kulturkampf« (den Auseinandersetzungen mit der katholischen Kirche) geprägten Gegenwart ermöglichte. In der populären patriotischen Kunst und Literatur spielte daher das typologische Schema »Barbarossa-Barbablanca« eine wesentliche Rolle. Wilhelm I./Barbablanca erschien mehr als einmal als der Erneuerer alter kaiserlicher Machtent-

---

[193] Ikonographisch vergleichbar ist das zur selben Zeit entstandene Mittelbild des Goslarer Kaiserhaus-Zyklus: M. Arndt, wie Anm. 21, S. 61 ff. – Parallelen für die Reihe der Herrscherstatuen hatte es in Berlin schon gegeben: 1728 ließ Friedrich Wilhelm I. im neugestalteten »Weißen Saal« des Stadtschlosses zwölf von Bartholomäus Eggers zwischen 1686 und 1688 geschaffene Marmorstatuen der brandenburgischen Kurfürsten aufstellen (von Friedrich I. bis zu Friedrich III.). Sie wurden später, zwischen 1895 und 1902, durch die neun Standbilder der preußischen Regenten vom Großen Kurfürsten bis zu Kaiser Friedrich III. ersetzt und auf der Treppe zum Festsaal »gleichsam als eine Vorbereitung und Vorstufe für ihre im Saal stehenden großen Nachkommen« neu plaziert (Albert Geyer, Zur Baugeschichte des Kgl. Schlosses in Berlin, in: Hohenzollern-Jahrbuch 1, 1897, S. 289; vgl. ebda S. 161 ff.). Eine andere Parallele (und wie die Ahnengalerie des Schlosses sicher auch ein Vorbild für die spätere Siegesallee) bietet der Festschmuck anläßlich der Rückkehr der Truppen aus dem deutsch-deutschen Krieg am 20./21. 9. 1866. Einem Vorschlag von F. Adler folgend hatte man auf der Terrasse des Stadtschlosses die 17 doppelt lebensgroßen Statuen aller preußischen Regenten von Friedrich I. bis zu Friedrich Wilhelm IV. nebeneinander aufgestellt: Dioskuren 11, 1866, S. 276. – Heinz Weidner. Berlin im Festschmuck vom 15. Jahrhundert bis zur Gegenwart, Berlin 1940, S. 88 ff.

[194] Vgl. dazu: Gollwitzer, wie Anm. 189, S. 500 ff. – Elisabeth Fehrenbach, Wandlungen des deutschen Kaisergedankens 1871–1918, München/Wien 1969, S. 29 ff., 221 f. – Theodor Schieder, Das deutsche Reich in seinen nationalen und universalen Beziehungen 1871 bis 1945, in: Th. Schieder und E. Deuerlein (Hrsg.), Reichsgründung 1870/71, Stuttgart 1970, S. 422 ff.

faltung – in ihm, dem »Weißbart«, war Barbarossa wiederauferstanden.[195] Eben diese Vorstellung bildete das zentrale Thema der Reichs-Allegorie an der Hauptschauseite der »Herrscherhalle«; es wurde aufgegriffen in der allegorischen Darstellung der »Walhalla«: dort war es wiederum der Hohenstaufe, der sich den preußischen Helden und Wilhelm I. zuwandte und als sein Vermächtnis die alte Reichskrone darbot! Als parallele Beispiele im Bereich der Denkmalskunst wären etwa die Programme des Goslarer Kaisersaales, des Mosaikfrieses der Berliner Siegessäule und des Kyffhäuser-Denkmals zu nennen. *Abb. 29* *Abb. 35*

Insgesamt dominierend war der dritte Aspekt des Zeughaus-Programms: die Betonung der grundlegenden Bedeutung der Armee für die Geschichte Preußens und des Reiches. Dieser Akzent verstand sich angesichts des militärischen Charakters des Zeughauses (dessen Wahl eben kein Zufall war!) von selbst und war auch schon in den »Motiven« des 1877 vorgelegten Gesetzentwurfs zum Ausdruck gekommen. Dort hieß es: »Das vom Deutschen Volke so lange ersehnte und erstrebte Ziel, Deutschlands Einigung, ist nach schweren Kämpfen erreicht... Mit berechtigtem Stolze kann die Preußische Armee – und mit ihr das Preußische Volk, aus dem sie hervorgegangen – zurückblicken auf ihre Vergangenheit, deren Geschichte in gewissem Sinne nun einen Abschluß gefunden hat.«[196] Wie bezeichnend in diesem Zusammenhang, daß innerhalb des Zeughaus-Programms mit den in der »Herrscherhalle« aufgestellten, aber in die Ecken abgedrängten Büsten Steins und Bismarcks nur zwei Staatsmänner überhaupt geehrt worden waren!

Über die konkret geschichtsbezogene Verherrlichung der preußischen Armee durch die Historienbilder und Feldherrnbüsten hinaus hatte man es dabei auf eine alle historischen Erinnerungen hinter sich lassende, überzeitliche Verklärung des Krieges schlechthin abgesehen.[197] Sie offenbarte sich in verschiedenen Punkten des Gesamtprogramms und sollte zweifellos als Rechtfertigung der eigenen Militärmacht, selbstverständlich aber auch als Apell an die fortdauernde Kampfbereitschaft der Nation dienen.

Die uns nach den Erfahrungen des 20. Jahrhunderts so fremd gewordene Idealisierung des Krieges begegnete dem Besucher zunächst in der vor der Freitreppe im Lichthof aufgestellten Kolossalfigur der Borussia. War sie doch durch ihre selbstbewußte, stete Verteidigungsbereitschaft signalisierende Haltung, durch ihr kriegerisches Kostüm und das blanke Schwert als Bellona charakterisiert, wobei die Kränze in ihrer Linken sicher nicht nur Hinweise auf militärische Erfolge in der Vergangenheit sein, sondern auch eine Art Siegesgarantie für die Zukunft verkörpern sollten. *Abb. 12*

Deutlicher noch kam dann die heroisierende Überhöhung militärischer Stärke in der »Herrscherhalle« zum Ausdruck: abgesehen von dem Triumphzugfries in der

---

[195] M. Arndt, wie Anm. 95, S. 92ff. mit weit. Beispielen der damaligen Kunst. – H. Zimmer, wie Anm. 85, S. 126ff. mit zahlreichen Belegen aus der politischen Lyrik des deutsch-französischen Krieges 1870/71.

[196] Wie Anm. 51, S. 46.

[197] Vgl. zu diesem Thema: Holsten, S. 17ff., 38ff., 116. – H. Zimmer, wie Anm. 85, S. 71ff.

Abb. 31 Kuppel vor allem in der Kriegs-Allegorie. In ihr hatte Geselschap eine Ideologie zur Anschauung gebracht, die einen politisch für gerecht gehaltenen Krieg geradezu als gottgewollte und von Gott gelenkte Sache ausgab. So zeigte der Künstler die Gestalt der gepanzerten Bellona als eine verklärte, gleichsam heilige Erscheinung: das machten nicht nur deren Nimbus und der Kreuzesschild, sondern auch das drohend erhobene Flammenschwert deutlich. Die Kriegsgöttin führte ihre Waffe im Namen Gottes – so sollte es der Betrachter lesen. Ihr Tun, durch die ihr beigesellte Personifikation der Gerechtigkeit zusätzlich legitimiert, sollte sich damit als Vollzug einer von Gott über die Gegner verhängten Strafe manifestieren. Den Vergeltungscharakter dieser Strafe hatten die den Kampfwagen ziehenden, motivisch auf die antiken Rachegöttinnen zurückgehenden, rasenden Kriegsfurien zu betonen.

Der Künstler unterstrich die Charakterisierung des Krieges als eines Gottesgerichts dadurch, daß er das eschatologische Motiv der Apokalyptischen Reiter aus der Offenbarung des Johannes, d. h. die Vorstellung von vier aus dem Himmel gegen die sündige Welt ausgesandten Plagen, in seine Allegorie übernahm. Der Kampf dieser überirdischen Mächte galt dem babylonischen Drachen, dem siebenköpfigen Ungeheuer, von dessen Rücken das »feindliche Königspaar« stürzte.[198] Daß das Motiv der Überwältigung des Drachens nicht etwa nur im biblischen, allgemeingültigen, sondern auch im aktuell-politischen Sinne verstanden werden sollte, zeigt ein Blick in die patriotische Lyrik jener Jahre. Nicht nur einmal wurde dort Frankreich bzw. Paris als »Welsch-Babylon« und »Neubabel« bezeichnet: der Kampf mit dem Untier als der Kampf gegen das Widergöttliche schlechthin wurde gleichgesetzt mit dem Krieg Deutschlands gegen Frankreich!

Der gegen das »gottlose« Frankreich ziehenden Bellona hatte Geselschap durch das Flammenschwert Züge des Erzengels Michael verliehen – und wiederum wußte der in die damalige politische Ikonographie Eingeweihte, wer eigentlich gemeint war: nämlich Wilhelm I. als »ein anderer Sanct Michael« bzw. das durch den Kaiser repräsentierte Deutsche Reich![199]

Die im Programm der Historienbilder und Feldherrnbüsten sichtbar werdende, in der Kriegs-Allegorie besonders ausgeprägt erscheinende positive Wertung des Kriegsbegriffs, die einer Legitimierung der nationalen Militärmacht zu dienen hatte, offenbarte sich ferner aus dem Zusammenhang der vier allegorischen Gemälde. Zwar war in der Kriegs-Allegorie das Grauenvolle des Schlachtgeschehens nicht geleugnet wor-

---

[198] Vgl. Anm. 103.

[199] H. Zimmer, wie Anm. 85, S. 120ff. mit Belegen aus der zeitgenössischen patriotischen Lyrik. – Vgl. im übrigen die 1873 entstandene, dem »tapferen deutschen Volke« gewidmete Zeichnung Wilhelm von Kaulbachs: dort setzt der »deutsche Heilige Michel« seinen Fuß auf den vor ihm hingestürzten Napoleon III. mit dem Kronprinzen im Arm: M. Arndt, wie Anm. 21, S. 141, Anm. 52 und Abb. 78; ferner: Holsten, S. 34. – Zur Bildtradition der politischen Michaels-Ikonographie s. die Hinweise bei Gerd Unverfehrt, Ernst von Bandels Hermannsdenkmal, in: Ein Jahrhundert Hermannsdenkmal 1875–1975, Detmold 1975, S. 139; sowie bei: Holsten, S. 34f., und: Klaus Lankheit, Der Stand der Forschung zur Plastik des 19. Jahrhunderts, in: Hilda Lietzmann, Bibliographie zur Kunstgeschichte des 19. Jahrhunderts (= Studien zur Kunst des 19. Jh.s., Bd. 4), München 1968, S. 18.

den: das machten die Apokalyptischen Reiter und die den Kampfwagen ziehenden Furien deutlich genug. Doch hatte Geselschap die Schrecken militärischer Gewalt als notwendigen Preis gekennzeichnet: nur Kriege – so der dem Betrachter durch das Gesamtprogramm in Erinnerung gerufene Schluß – hatten schließlich die Gründung des neuen deutschen Kaisertums ermöglicht; Krieg bedeutete die wesentliche Voraussetzung für die Existenz des Reiches von 1871 (Nordwand). *Abb. 29*

Der Krieg biete ferner – so die gleichzeitige Aussage des Gemäldeprogramms – die alleinige Garantie für den Frieden; nur militärische Macht und die Bereitschaft, sie auch einzusetzen, sichere die staatliche Ordnung, das »höchste Endziel aller Kriege«.[200] Im Zusammenhang mit der Friedens-Allegorie (Südwand) sollte die Kriegs-Darstellung (Ostwand) dem Betrachter vor Augen halten, daß die Anwendung kriegerischer Gewalt nicht etwa als abschreckendes Gegenbild zum Frieden, vielmehr als dessen grundlegendes Fundament aufzufassen sei. Erst nach dem Sieg über die »Widersacher menschlicher Ordnung und Gesetzes« könnten »in der Friedenssonne ... Wissenschaft, Handel und Künste von neuem erblühen«.[201] In diesem Sinne hatte der Besucher auch die Viktoria-Statue in der »Herrscherhalle« und die den Sieger bekränzende Viktoria in dem Triumphzugfries zu interpretieren: ihre Lorbeerkränze standen für den Sieg, ihre Palmzweige für den Frieden, der nach dem siegreichen Krieg herrschen und fernerhin mit Waffengewalt verteidigt werden würde.[202] *Abb. 33* *Abb. 20* *Abb. 39*

Der Friedens-Allegorie folgte die Darstellung der »Walhalla« (Westwand). Der Nachruhm – so sollte der Betrachter hier schließlich erfahren – lasse das allerdings unbestreitbare Entsetzen aller Kriege vergessen; er bedeute den ewigen, für alles entschädigenden Dank der Nachfahren denen gegenüber, die ihr Leben für die Schaffung und Wahrung der nationalen Macht eingesetzt hatten bzw. in Zukunft einsetzen würden. *Abb. 35*

Den in den vier Allegorien entwickelten Gedankengang griffen die Verse von Julius Wolff auf, die unterhalb des Triumphzuges in der Kuppel zu lesen waren. Auch in ihnen wurde der Krieg zu einem von Gott gelenkten Geschehen überhöht, zu einem Ereignis, das den Sieg gebracht und dem Frieden den Weg gebahnt hatte, und das darüber hinaus die dauernde Gewähr für die Erhaltung der staatlichen Ordnung bot.

---

200 Vgl. die Vorbemerkung zu Kat. Nr. 20–23; s. Holsten, S. 23ff.
201 Das erste Zitat: Donop, S. 18; das zweite Zitat: Vollmar, wie Anm. 105, S. 366.
202 Holsten, S. 39.

ABKÜRZUNGSVERZEICHNIS

Anlagen St. Ber. A	Anlagen zu den Stenographischen Berichten über die Verhandlungen des Abgeordnetenhauses
Bloch/Grzimek	Peter Bloch und Waldemar Grzimek, Das klassische Berlin. Die Berliner Bildhauerschule im 19. Jahrhundert, Frankfurt a. M./Berlin/Wien 1978
Breysig	Adam Breysig, Wörterbuch der Bildersprache, Leipzig 1830
CdB	Centralblatt der Bauverwaltung, Berlin 1881 ff.
DBZ	Deutsche Bauzeitung, Berlin 1867 ff.
Donop	Lionel von Donop, Friedrich Geselschap und seine Wandgemälde in der Ruhmeshalle, Berlin 1890
Führer 1887	Führer durch das Königliche Zeughaus in Berlin, Berlin 1887 (3. Auflage)
Führer 1910	Das Königliche Zeughaus. Führer durch die Ruhmeshalle und die Sammlungen, Berlin 1910 (5. Auflg.)
Führer 1914	Das Königliche Zeughaus. Führer durch die Ruhmeshalle und die Sammlungen, Berlin 1914
GSTA Berlin	Geheimes Staatsarchiv Preußischer Kulturbesitz
Halwas	Adolf Halwas, Die Ruhmeshalle im königlichen Zeughaus zu Berlin. Aufgenommen vom Hof-Photographen Adolf Halwas, Berlin o. J. (1891)
Hintze	Otto Hintze, Die Hohenzollern und ihr Werk, Berlin 1915 (3. Auflg.)
Holsten	Siegmar Holsten, Allegorische Darstellungen des Krieges 1870–1918 (= Studien zur Kunst des 19. Jahrhunderts Bd. 27), München 1976
IZL	Illustrierte Zeitung, Leipzig 1843 ff.
JdpK	Jahrbuch der preußischen Kunstsammlungen, Berlin 1880 ff.
Jordan, Geselschap	Max Jordan, Geselschap, Bielefeld/Leipzig 1906
KfA	Kunst für Alle, München 1886 ff.
Kugler	Franz Kugler, Geschichte Friedrichs des Großen, Leipzig 1860
Markowitz	Irene Markowitz, Die Monumentalmalerei der Düsseldorfer Malerschule, in: Zweihundert Jahre Kunstakademie Düsseldorf, Düsseldorf 1973, S. 47 ff.
Meyer, Begas	Alfred Gotthold Meyer, Reinhold Begas, Bielefeld/Leipzig 1897
NAZ	Norddeutsche Allgemeine Zeitung
NPZ	Neue Preußische Zeitung
Ramler	Karl Wilhelm Ramler, Allegorische Personen zum Gebrauche der bildenden Künstler, Berlin 1788
Rosenberg, A. v. Werner	Adolf Rosenberg, Anton von Werner, Bielefeld/Leipzig 1900

St. Ber. A St. Ber. H	Stenographische Berichte über die Verhandlungen des Abgeordnetenhauses/Herrenhauses
WAI	Wochenblatt für Architekten und Ingenieure, Berlin 1879ff.
Werner, Erlebnisse	Anton von Werner, Erlebnisse und Eindrücke 1870–1890, Berlin 1913
ZfbK	Zeitschrift für bildende Kunst mit Kunstchronik, Leipzig 1866ff.
ZfpB	Zeitschrift für praktische Baukunst, Leipzig 1841ff.
ZSTA Merseburg	Zentrales Staatsarchiv Dienststelle Merseburg

KATALOG

Der Katalog verfolgt den Zweck, alles das an Details nachzutragen, was für den Haupttext entbehrlich schien.

Die Literaturhinweise zu den einzelnen Nummern werden z. T. abgekürzt zitiert. Die vollständigen Titel bietet das Abkürzungsverzeichnis. Besonders aussagekräftige Beschreibungen der Zeit sind im Katalog wiedergegeben. Im Hinblick auf einzelne ikonographische Fragen wurde bewußt nur zeitgenössische oder annähernd zeitgenössische Literatur benutzt.

b. 1

1. Die »Borussia« im Innenhof

Reinhold Begas, 1885. 4,50 m hoch, weißer Marmor. Bez. an der Plinthe links »R. Begas 1885«.

Die Figur wurde 1936 vom preußischen Staat der Stadt Berlin geschenkt; sie stand seitdem bis zum Frühjahr 1981 im Preußen-Park, Wilmersdorf. Gegenwärtig befindet sie sich in der ehemaligen Pumpstation am Landwehrkanal, Berlin. Bis auf geringe Beschädigungen des Gewandes gut erhalten.

Über die Bemerkungen im Haupttext hinaus sei auf einige Details hingewiesen: die Parierstange des Schwertes geht in Adlerköpfe über, ihre Mitte ist auf beiden Seiten mit agraffenartigen Löwenreliefs geschmückt. Die Beinschienen zeigen ebenfalls Verzierungen in flachem Relief: vorn ein Friedensgenius auf der von zwei Atlanten getragenen Weltkugel, links eine Kartusche mit einer Kampfszene zwischen Lapith und Kentaur, rechts eine Kartusche mit der Darstellung eines Hirten und zweier Ziegen – d. h. also Allegorien von Krieg und Frieden. Der lorbeerbekränzte Helm ist mit Reliefs geschmückt: links und rechts je ein antikisierender Kampfwagen; der Brustpanzer zeigt im Flachrelief das Medusenhaupt.

Lit.: KfA 1, 1886, S. 59, 105. – Meyer, Begas, S. 91. – Bloch/Grzimek, Sp. 207. – Reclams Kunstführer Berlin, Stuttgart 1977^2, S. 498.

Abb.: Meyer, Begas, Abb. 77. – Bloch/Grzimek, Sp. 206.

2. Die Bronzetür zur Ruhmeshalle im Obergeschoß

Von der 1881 nach einem Modell Otto Lessings gegossenen, nicht mehr vorhandenen Tür gibt es eine zeitgenössische Beschreibung: »Der Gesamteindruck der Thüren ist der einer edlen Einfachheit, das Ornamentale ist auf das Nötigste beschränkt; die Thüren selbst sind in je drei viereckige Felder eingeteilt, deren mittleres auf der linken Seite den Beginn des Kriegs, auf der rechten das Ende desselben symbolisch zur Darstellung bringt. Auf dem ersten reichen zwei Genien dem Krieger die Waffen, während eine zu seinen Füßen sitzende, schmerzlich bewegte Frauengestalt mit einem Kinde das Mitleiden und den Abschiedsschmerz symbolisiert. Auf dem zweiten Bilde diktiert eine Viktoria der Muse der Geschichte die Begebenheiten; zu ihren Füßen stellt ein trauerndes Weib mit einem Kranze in der

Hand die Klage und den Schmerz um die Gefallenen dar.«

Lit.: ZfbK 1882, Kchr. Sp. 382 (= die zitierte Beschreibung; mit der falschen Zuschreibung an E. Ewald). – CdB 1883, S. 116. – DBZ 1881, S. 428. – Führer 1910, S. 4.

3. Die »Viktoria« in der Herrscherhalle

Abb. 21 Fritz Schaper, zwischen 1879 und 1881. 3,90 m hoch, weißer Marmor. Verschollen.

Eine Konkurrenz speziell für diese Figur war am 28. 7. 1879 ausgeschrieben worden; es gingen 67 Entwürfe ein. Auch Fritz Schaper hatte ein Modell eingereicht, das nicht mehr erhalten, in der zeitgenössischen Kunstliteratur aber beschrieben worden ist. Es handelt sich um eine »Siegesgöttin in dithyrambischer Bewegung an einer meerumspülten Felsenklippe halb sitzend angelehnt, doch so, als wolle sie sich eben emporschwingen. In der hocherhobenen Rechten hält sie den Lorbeerkranz, während ihre Linke das in der Scheide ruhende Schwert und die Friedenspalme zugleich umfaßt. Zu ihren Füßen steht ein flügelschlagender Aar, den kühnen Blick zu ihr emporgerichtet« (O. Baisch). Es war dies eine Lösung, die derart vom Hergebrachten abwich, daß »die Jury es nicht wagte, sie mit einem ersten Preise zu krönen« (Rosenberg).

Ein erster Preis wurde überhaupt nicht verliehen. Schaper erhielt einen zweiten Preis, »zugleich aber auch den Auftrag, einen neuen Entwurf nach dem traditionellen Schema anzufertigen, der dann auch Allerhöchsten Orts zur Ausführung genehmigt wurde« (Rosenberg).

Die Figur orientierte sich deutlich an dem von Rauch geschaffenen Typus der Viktoria (vgl. Bloch/Grzimek, Tf. 110, 111): sie erschien auf Zehenspitzen schreitend, fast schwebend, und war mit einem dünnen Chiton bekleidet. In der hocherhobenen Rechten hielt sie einen Lorbeerkranz als Siegessymbol (vgl. Breysig, S. 528), in der Linken einen Palmzweig als traditionelles Friedenszeichen (Breysig, S. 627).

Lit.: JdpK 1, 1880, Sp. XVII. – ZfbK 15, 1880, Kchr. Sp. 201ff., 217ff., 562; ebda 1883, Kchr. Sp. 451. – A. Rosenberg in: Die Grenzboten 39, 1880, Nr. 22, S. 382. – NPZ vom 12. 1. 1881 (daraus ergibt sich das Datum der Vollendung). – NAZ vom 11. 1. 1881, Morgenausgabe. – Otto Baisch, Fritz Schaper, in: Westermanns illustrierte deutsche Monatshefte 1883, Heft 327, bes. S. 364. – Jutta von Simson, Fritz Schaper, München 1976 (= Materialien zur Kunst des 19. Jahrhunderts, Bd. 19), S. 21, 76f., Kat. Nr. 13.

Abb.: Halwas, unpag. Tf.

Die Regentenstandbilder in der Herrscherhalle

Die Standbilder waren von verschiedenen Bildhauern modelliert worden. Der Auftragserteilung ging ein Wettbewerb (ausgeschrieben Ende September 1879) voran, der an alle preußischen oder in Preußen tätigen Künstler gerichtet war. Verlangt hatte man von jedem Teilnehmer Modelle für alle sieben Statuen (auf die Errichtung des Standbildes Wilhelms I. war zunächst verzichtet worden, da der König sich ein Denkmal zu Lebzeiten verbeten hatte; seine Statue kam 1891 hinzu). Es beteiligten sich 23 Bewerber mit 161 Entwürfen, deren größter Teil im Mai 1880 öffentlich ausgestellt wurde. Die mit einem ersten Preis ausgezeichneten Modelle bestimmte man zur Ausführung.

Die gußfertigen Gipse wurden an Ort und Stelle probeweise aufgestellt, von Mitgliedern der Landeskunstkommission beurteilt und danach erst endgültig zum Guß freigegeben.

Alle acht Statuen sind erhalten; sie befinden sich seit 1960 auf der Bastei der Burg Hohenzollern bei Hechingen. Die Figuren erscheinen dem Realismus der Zeit entsprechend im historischen Kostüm; die Physiognomien zeigen deutlich das Studium der Bildnisüberlieferung.

Lit.: DBZ 1880, S. 224f. – ZfbK 15, 1880, Kchr. Sp. 562f. – WAI 2, 1880, S. 192. – JdpK 2, 1881, Amtliche Berichte Sp. XVIII, XXII. – Gartenlaube 1881, S. 247. – CdB 1883, S. 116. – KfA 4, 1888/9, S. 79.

b. 22

4. Kurfürst Friedrich Wilhelm (Großer Kurfürst)

Erdmann Encke. 1883 modelliert, 1884 gegossen. Bez. an der Plinthe links »E. Encke fec. 1883«, rechts »Gegossen von H. Gladenbeck u. Sohn 1884«.

Lit.: CdB 1883, S. 116. – Grenzboten 1884, S. 570. – KfA 6, 1890/91, S. 140.

5. Friedrich I.

Ludwig Brunow. 1883 modelliert, 1884 gegossen. Bez. an der Plinthe rechts »L. Brunow fec. 1883«, links »Gegossen von H. Gladenbeck u. Sohn 1884«.

Lit.: A. Rosenberg, in: Grenzboten 1881, IV, S. 46. – CdB 1883, S. 116. – KfA 6, 1890/91, S. 140.

6. Friedrich Wilhelm I.

Carl Hermann Hilgers. 1883 modelliert, 1884 gegossen. Bez. an der Plinthe rechts »C. Hilgers fec. 1883«, links »Gegossen von H. Gladenbeck u. Sohn 1884«.

»Am 14. April (1883) nahm der Kaiser im Atelier des Künstlers das Werk in Augenschein und sprach sich über dasselbe in freundlichster und eingehendster Weise aus. Der König steht hoch aufgerichtet, in gebieterischer Haltung da, das mächtige Haupt leicht zurückgeworfen, den Marschallstab in der erhobenen Rechten. Für die charakteristische Kopfbildung wie für die Ähnlichkeit der Züge bot dem Künstler die im Hohenzollernmuseum befindliche Totenmaske des Königs teilweise einen willkommenen Anhalt« (ZfbK 1883).

Ein zweites Exemplar wurde am 18. August 1885 im Lustgarten zu Potsdam aufgestellt.

Lit.: ZSTA Merseburg Hist. Abt. II, 2.2.1. Nr. 20903, Bl. 226, 227, 229–242; ebda Nr. 20904, Bl. 21–40. – ZfbK 18, 1883, Kchr. Sp. 533ff. – Gartenlaube 1885, S. 621. – Der Bär 1885, S. 176; ebda 1887, S. 450.

7. Friedrich II.

Abb. 23

Erdmann Encke. 1886 modelliert und gegossen. Bez. an der Plinthe links »E. Encke fec. 1886«, rechts »Gegossen von H. Gladenbeck u. Sohn 1886«.

Lit.: CdB 1883, S. 116. – KfA 6, 1890/1, S. 140.

8. Friedrich Wilhelm II.

Ludwig Brunow. 1883 modelliert, 1884 gegossen. Bez. an der Plinthe rechts »L. Brunow fecit 1883«, links »Gegossen Lauchhammer 1884«.

Lit.: ZfbK 17, 1882, Kchr. Sp. 213. – Grenzboten 1884, S. 570.

9. Friedrich Wilhelm III.

Abb. 3

Emil Hundrieser. 1884 modelliert, 1885 gegossen. Bez. an der Plinthe links »E. Hundrieser fecit 1884«, rechts »Gegossen Lauchhammer 1885«.

Lit.: KfA 6, 1890/1, S. 140. – H.-W. Klünner, Die Berolina, in: Jahrbuch für Brandenburgische Landesgeschichte 14, 1963, S. 85, Anm. 5.

10. Friedrich Wilhelm IV.

Carl Schuler. 1882 modelliert, 1885 gegossen. Bez. an der Plinthe rechts »C. Schuler fecit«, hinten »Gegossen Lauchhammer 1885«.

Lit.: ZfbK 17, 1882, Kchr. Sp. 725. – CdB 1883, S. 116.

Abb. 24

11. Wilhelm I.

Rudolf Siemering. Spätestens im Herbst 1888 Auftragserteilung; 1891 modelliert und gegossen. Bez. an der Plinthe links »R. Siemering fec.«, rechts »Aktiengesellschaft vorm. H. Gladenbeck und Sohn Bildgiesserei«.

Lit.: KfA 4, 1888/9, S. 79, 142. – ZfbK 1889, Kchr. Sp. 89. – KfA 6, 1890/1, S. 140, 222f. – Berthold Daun, Siemering, Bielefeld/Leipzig 1906, S. 90, Abb. 85. – Otto Kuntzemüller, Die Denkmäler Kaiser Wilhelms des Großen, Bremen 1902, S. 81 mit Abb. nach S. 81.

Offenbar hatte die Absicht bestanden, die Statuenreihe fortzuführen. Nach dem Tode Friedrichs III. (1888) hieß es jedoch: »Mit Rücksicht darauf aber, daß eine von der Meisterhand Reinhold Begas' modellierte Büste dieses Fürsten als Kronprinzen und Heerführers sich bereits in der sogenannten Feldherrnhalle befindet, so ist einstweilen von der Aufstellung eines Standbildes dieses Regenten in der Herrscherhalle Abstand genommen worden« (KfA 6, 1890/1, S. 140). Tatsächlich ist es nie zu einer Fortsetzung des Standbilder-Zyklus gekommen.

Die Bronze-Büsten in der Herrscherhalle

12. Karl Reichsfreiherr vom und zum Stein (1757–1831), als preußischer Staatsmann eine zentrale Gestalt der Reformzeit

Fritz Schaper. 1891. Bronze, überlebensgroß. Im Zweiten Weltkrieg zerstört.

Lit.: KfA 4, 1888/9, S. 142; ebda 5, 1889/90, S. 158; ebda 6, 1890/1, S. 127. – Wiener Bauindustrie-Zeitung 8, 1891, S. 311. – Jutta von Simson, Fritz Schaper, München 1976 (= Materialien zur Kunst des 19. Jahrhunderts Bd. 19), Kat. Nr. 39, S. 99.

13. Gerhard David von Scharnhorst (1755–1813), preußischer General und Heeresreformer

Alexander Calandrelli. 1891. Bronze, überlebensgroß. Verschollen.

Lit.: KfA 5, 1889/90, S. 158; ebda 6, 1890/1, S. 127. – Wiener Bauindustrie-Zeitung 8, 1891, S. 311.

14. Albrecht Graf von Roon (1803–1879), preußischer Generalfeldmarschall und Kriegsminister

Alexander Calandrelli. 1891. Bronze, überlebensgroß. Verschollen.

Lit.: KfA 5, 1889/90, S. 158; ebda 6, 1890/1, S. 127, 223. – Wiener Bauindustrie-Zeitung 8, 1891, S. 311.

15. Otto Fürst von Bismarck (1815–1898), preußischer Staatsmann und deutscher Reichskanzler

Reinhold Begas. 1890. Bronze, überlebensgroß. Verschollen.

Lit.: KfA 4, 1888/9, S. 142; ebda 5, 1889/90, S. 158; ebda 6, 1890/1, S. 127, 223. – Deutsche Post 4, 1890, S. 637. – Wiener Bauindustrie-Zeitung 8, 1891, S. 311. – Meyer, Begas, S. 82ff. mit Abb. 63.

Die Historienbilder in der Herrscherhalle

Durch die im Zuge der Umbau-Arbeiten vorgenommene Innenverblendung der Fenster hatten sich große Wandflächen ergeben, die als Träger der Malereien dienten. Auf Vorschlag Georg Bleibtreus, dem drei der 16 Historienbilder übertragen worden waren, hatte man die Darstellungen nicht auf nachträglich befestigte Leinwände, sondern mit Wachsfarben unmittelbar auf die Wände auftragen lassen.

Lit.: ZfbK NF 4, 1893, Kchr. Sp. 53. – KfA 2, 1887, S. 122.

[Ab]b. 25

16. »Krönung Friedrichs I. in Königsberg 1701«

Anton von Werner. 1883 erste Entwürfe, 1887 vollendet. Zerstört.

Dargestellt war die feierliche Krönung Friedrichs I. zum König in Preußen in der Königsberger Schloßkapelle am 18. 1. 1701. Für diese Zeremonie, die kirchliche Salbung, waren eigens zwei evangelische Bischöfe eingesetzt worden – doch nicht aus ihrer Hand hatte Friedrich die Krone empfangen. Er hatte sie sich – wie das Bild zeigte – und der Königin vielmehr eigenhändig aufs Haupt gesetzt, um desto nachdrücklicher die Unabhängigkeit der weltlichen von der geistlichen Macht zu betonen.

Lit.: Gartenlaube 1881, S. 247. – CdB 1883, S. 117. – ZfbK 1882, Kchr. Sp. 315; ebda 1883, Kchr. Sp. 450; ebda 1884, Kchr. Sp. 730; ebda 1887, Kchr. Sp. 333. – A. Rosenberg, A. v. Werner, S. 88ff. – Führer 1910, S. 21. – Werner, Erlebnisse, S. 357, 388, 421, 453, 471.

Abb.: Halwas, unpag. Tf. Eine geringfügig abweichende Fassung (wohl eine Skizze letzter Hand) abgeb. bei A. Rosenberg, A. v. Werner, S. 99, Abb. 97; eine stärker abweichende Aquarellskizze bei Werner, Erlebnisse, S. 421.

17. »Kaiserproklamation zu Versailles 1871« *Abb. 28*

Anton von Werner. Zwischen 1881 und 1883 entstanden. Zerstört.

Es handelte sich bei diesem Bild um eine Darstellung der Kaiserproklamation, die am 18. 1. 1871 – am Jahrestag der Gründung des Königreichs Preußen also – im Spiegelsaal des Schlosses von Versailles stattgefunden hatte. An Stelle einer regelrechten Krönung des preußischen Königs zum Kaiser war in Anwesenheit zahlreicher Fürsten, Minister, Feldherrn und Offiziere die Annahme der deutschen Kaiserwürde durch Wilhelm bekanntgegeben worden. Bei dieser Gelegenheit brachte der Schwiegersohn Wilhelms, Großherzog Friedrich von Baden, das Hoch auf den neuen Kaiser aus. Diesen Augenblick der ansonsten in »prunktlosester Weise und außerordentlicher Kürze« (A. v. Werner) stattgehabten Zeremonie hatte Anton von Werner (der als einer von wenigen Zivilisten bei der Feier anwesend war) für sein Gemälde gewählt. Links sah man auf einem Podest unter den Fahnen ihrer Regimenter die deutschen Fürsten mit Kaiser Wilhelm I., zu dessen linker Seite der Großherzog von Baden zur Huldigung aufrief; ihnen zugewandt rechts die Offiziere, in Begeisterung Arme und Säbel hochreckend, und im Vordergrund die drei »Paladine« Moltke, Bismarck und Roon.

Lit.: DBZ 1881, S. 429. – CdB 1883, S. 117. – ZfbK 19, 1884, Kchr. Sp. 730. – A. Rosenberg, A. v. Werner, S. 30ff. – Führer 1910, S. 29. – Werner, Erlebnisse, S. 277ff., 292, 332f., 355ff., 368. – Rainer Schoch, Das Herrscherbild in der Malerei des 19. Jahrhunderts, München o. J., S. 174ff.

Abb.: Werner, Erlebnisse, S. 355. – Halwas, unpag. Tf. – Die bei dem Biographen v. Werners, A. Rosenberg, wiedergegebene Fassung (Abb. 23) ist irrtümlich als das Zeughaus-Gemälde bezeichnet; tatsächlich handelt es sich dort um die verkleinerte Version des hier besprochenen Bildes, die am 1. April 1885 dem Reichskanzler v. Bismarck zum 70. Geburtstag überreicht worden war (Peter G. Thielen, Zur Historienmalerei der Bismarckzeit, in: Spiegel der Geschichte. Festgabe für Max Braubach, Münster 1964, S. 822ff.).

Abb. 26

18. »Die Schlesischen Stände huldigen Friedrich II. in Breslau 1741«

Wilhelm Camphausen. Zwischen 1881 und Mai 1882 entstanden. Zerstört.

Eine Skizze von 1880 befindet sich in Düsseldorf, Kunstmuseum, Inv.-Nr. 4084.

Die hier wiedergegebene Szene fand nach der Besetzung Schlesiens durch Friedrich II. am 7. 11. 1741 statt: die Fürsten und Stände des Herzogtums Niederschlesien waren in Breslau erschienen, um die Erbhuldigung zu leisten. Für diesen Akt hatte man den Fürstensaal des Rathauses ausgesucht; »ein alter Kaiserthron war ... neu eingerichtet worden; den österreichischen Doppeladler, der darauf gestickt war, hatte man dadurch zum preußischen umgestaltet, daß ihm der eine Kopf abgenommen und Friedrich's Namenszug auf die Brust geheftet wurde. Friedrich bestieg unter den glänzend Versammelten den Thron in seiner einfachen militairischen Uniform. Der Marschall hatte das königliche Reichsschwert, welches er zur Seite des Königs halten sollte, vergessen; Friedrich half dem Übelstande schnell ab, indem er den Degen, der Schlesien erobert hatte, aus der Scheide zog und ihm dem Marschall hinreichte« (Kugler, S. 153). Eben diesen Augenblick hatte Camphausen für sein Gemälde gewählt.

Lit.: GSTA Berlin, Rep. 138 Nr. 48, Bl. 27. – DBZ 1881, S. 429. – CdB 1883, S. 117. – ZfbK 1884, Kchr. Sp. 1ff., 730; ebda NF 4, 1893, Kchr. Sp. 53. – Führer 1910, S. 25. – Markowitz, S. 67, Anm. 62.

Abb.: Halwas, unpag. Tf. – J. v. Pflugk-Harttung und Haefke (Hrsg.), Deutsche Gedenkhalle, Berlin/München o. J., nach S. 280.

Abb.

19. »Aufruf Friedrich Wilhelms III. ›An Mein Volk‹«

Georg Bleibtreu. Zwischen 1881 und Mai 1882 entstanden. Zerstört.

Bleibtreus Gemälde sollte zweifellos als Sinnbild für die patriotische Begeisterung der preußischen Bevölkerung in den Jahren der Erhebung verstanden werden. Geschildert war eine Szene, die unmittelbar nach dem Aufruf »An Mein Volk« (17. 3. 1813) in Breslau stattgefunden hatte. In Anwesenheit des Zaren waren die preußischen Truppen durch Friedrich Wilhelm III. gemustert worden; bei der »Rückkehr zur Stadt strömte den Fürsten die Bevölkerung entgegen ... Der König sah die unbegrenzte Hingabe seines Volkes« (Führer 1910, S. 25). Im Mittelpunkt erkannte man sieben Reiter: Friedrich Wilhelm III. auf einem Schimmel, den Zaren Alexander I., Scharnhorst, Gneisenau und preußische Prinzen, darunter Prinz Wilhelm, den nachmaligen Kaiser Wilhelm I. Ihnen zogen von links und rechts jubelnde Patrioten mit Frauen und Kindern entgegen. Unter ihnen erkannte man links Theodor Körner und Jahn, die Rechte zum Schwur erhoben; rechts war u. a. der Staatsrat v. Hippel dargestellt, der den Aufruf vom 17. März 1813 verfaßt hatte.

Lit.: GSTA Berlin, Rep. 138, Nr. 48, Bl. 27. – DBZ 1881, S. 429. – ZfbK 1882, Kchr. Sp. 382f., ebda 1884, Kchr. Sp. 730. – Führer 1910, S. 25f. – Werner, Erlebnisse, S. 356. – Peter G. Thielen, Zur Historienmalerei der Bismarckzeit, in: Spiegel der Geschichte. Festgabe für Max Braubach, Münster 1964, S. 823f.

Abb.: Halwas, unpag. Tf.

Zu den Allegorien Geselschaps in der Herrscherhalle

Auf Betreiben Friedrich Hitzigs hatte Friedrich Geselschap 1879 den Auftrag erhalten, zunächst die Kuppel auszumalen. Nach Vollendung dieser Arbeiten im Frühjahr 1883 beauftragte man ihn auch mit der Ausführung der Malereien auf den Schildbogenflächen; diese waren im Oktober 1890 fertiggestellt. Geselschap hatte die mit Kasein-Farben auf die Wand aufgetragenen Gemälde gründlich vorbereitet. Einen offensichtlich großen Teil der Studien hierfür erwarb noch zu seinen Lebzeiten die Berliner Nationalgalerie; dort sind diese Arbeiten bis heute erhalten geblieben (Sammlungen der Handzeichnungen der Staatlichen Museen zu Berlin). Die Kartons für die Wandbilder auf den Schildbögen wurden 1889 von der belgischen Regierung für die öffentlichen Sammlungen erworben (KfA 1889/90, S. 16). Sie sind in Brüssel, Koninklijke Musea voor Kunst en Geschiedenis, erhalten (frdl. Brief des Museums vom 28. 9. 83 an d. Vf. Dort auch die in Kat. Nr. 20–23 angegebenen Maße der Gemälde). Die Wandbilder Geselschaps sind zerstört.

b. 13

20.–23. A. Schildbogenfelder

Die ersten Pläne hatten noch eine kleinteilige Gliederung der Schildbogenflächen vorgesehen (vgl. den Längsschnitt durch den Nordflügel des Zeughauses: CdB 1883, S. 103. – Berlin und seine Bauten, Berlin 1896, Bd. II/III, S. 235. – S. a.: DBZ 1881, S. 377 mit einem Querschnitt durch den Hof und die Herrscherhalle).

Dieses Konzept wurde zugunsten der großzügigeren, aber auch schwerer zu bewältigenden Lösung aufgegeben, bei der die Wandflächen als einheitliche Bildfelder aufgefaßt waren.

Für die Schildbögen hatte man dem Künstler die folgenden Themen vorgegeben:

»1. auf der Nordseite die Darstellung des Krieges als der unabweislichen Nothwendigkeit zur Behauptung der Machtstellung der jungen Großmacht;

2. auf der Südseite als versöhnenden Gegensatz die Darstellung des Friedens und seiner Segnungen als des höchsten Endziels aller Kriege;

3. auf der Ostseite die Darstellung der Vertheidigung des bedrohten Vaterlandes und der siegreichen Abwehr fremder Eroberer;

4. auf der Westseite die Darstellung der durch Preußen herbeigeführten Einigung der Stämme in Nord und Süd zu einem gemeinsamen deutschen Vaterlande« (CdB 1883, S. 117).

An dieser Konzeption änderte man bei der Ausführung nur wenig: abgesehen von einer neuen, im Zusammenhang des Gesamtprogramms wirkungsvolleren Verteilung der Szenen wurde die Darstellung der Vaterlandsverteidigung durch die »Aufnahme der Gefallenen nach Walhalla« ersetzt – spätestens im Oktober 1884, wie sich aus einer Nachricht ergibt (ZfbK 1884, Kchr. Sp. 730. Die Behauptung Donops, S. 21, auch der Tod Wilhelms I. und Friedrichs III. – 1888 – habe die Planänderung verursacht, ist also nicht richtig).

Lit.: Donop, S. 11ff. – KfA 1889/90, S. 16. – Der Bär 16, 1890, S. 367. – JdpK 14, 1893, Sp. LVI. – Jordan, Geselschap, S. 15ff. – Führer 1914, S. 6ff. – Holsten, S. 39ff.

Abb. 29 20. »Wiedererrichtung des Kaiserreiches 1871«

7,10 m × 18,70 m

Zwischen 1883 und 1889 entstanden. Akt-, Kopf- und Gewandstudien sowie Kompositions- und Farbskizzen in den Staatlichen Museen zu Berlin, Nationalgalerie, Slg. d. Handzeichnungen, Geselschap Nr. 86–95, 140, 142–143, 154, 157–159, 210.

Abb. 30 Der hier abgebildete Entwurf (Kohle, Rötel auf Papier; 93,9 × 200,3 cm) unterscheidet sich nur in wenigen Details von dem ausgeführten Gemälde. So fehlen z. B. die Inschrift auf dem Gesetzbuch, das einer der Genien (rechts) vorweist, sowie die von Bismarck gehaltene Schriftrolle; auch auf die heraldische Kennzeichnung der Wappenschilde sowie auf den Nimbus des Kaisers hatte Geselschap zunächst verzichtet. Ferner finden sich auf dem Entwurf nicht die beiden Gestalten links oberhalb des knienden Wappenherolds (Geselschap Nr. 159; Neg. Nr. 03 393).

Lit.: Deutsche Post 1, 1887, S. 420/1. – Donop, S. 20f. – Jordan, Geselschap, S. 26 und Abb. 27–31.

Abb. 31 21. »Der Krieg«

7,10 m × 18,70 m

Zwischen 1883 und 1886 entstanden. Akt- und Gewandstudien, Skizzen und Entwürfe in den Staatl. Museen zu Berlin, Nationalgalerie, Slg. d. Handzeichnungen, Geselschap Nr. 46–72, 125–126, 148, 148 a.

Abb. 32 Der hier wiedergegebene Entwurf (Tusche, Rötel, Goldgrund, weiß gehöht, auf hellbraunem Papier; 69,7 × 145,5 cm) stimmt weitgehend mit der Ausführung überein. Unterschiede zeigen sich in einzelnen Figuren der beiden Vordergrundsgruppen (vor allem der linken, wo auch der Drache erst im ausgeführten Gemälde wirklich deutlich in Erscheinung tritt) und in der Gestaltung der Architektur, die zunächst noch den Charakter eines Burgtores mit Zinnen und Rundbogenfriesen besaß (Geselschap Nr. 148; Neg. Nr. 23 616).

Lit.: CdB 1883, S. 117. – KfA 1, 1885/6, S. 270f., 279f., 287; ebda 2, 1887, S. 29. – A. Rosenberg in: Grenzboten 45, 1886, Bd. 3, S. 263f. – Donop, S. 18f. u. Tf. 2. – Jordan, Geselschap, S. 27ff. u. Abb. 32–35. – Holsten, S. 40ff., mit ausführlicher Interpretation und Verweisen auf die Bildtradition.

22. »Der Frieden« *Abb.*

7,10 m × 18,70 m

Zwischen 1883 und Oktober 1890 entstanden. Akt-, Kopf- und Gewandstudien, Kompositions- und Farbskizzen in den Staatlichen Museen zu Berlin, Nationlgalerie, Slg. d. Handzeichnungen, Geselschap Nr. 73–85, 132–133, 135–139, 144–147, 154–155 a, 204–205, 211.

Der hier abgebildete Entwurf (Tusche, *Abb.* Wasserfarben, weiß gehöht und mit Goldgrund, auf Papier; 91,6 × 127,7 cm) zeigt in einzelnen Partien Unterschiede gegenüber der Ausführung. So änderte Geselschap die Landschaftskulissen in den Bildecken sowie (links) die Gruppe der musizierenden Kinder im Hinblick auf Anordnung und Anzahl der Figuren. Die Gestalten der vom Rücken gesehenen knieenden Alten mit den beiden Kindern und der Bauer wurden im Gemälde hinzugefügt, der jugendliche Krieger mit dem Rundschild hingegen fortgelassen. Das Kostüm des knieenden Kriegers (im Vordergrund halblinks) sowie dessen Haltung wurden abgewandelt, und auch die Gruppe ganz rechts im Vordergrund weist Unterschiede auf (im Hinblick auf die Zahl, Gruppierung und Charakterisierung der Gestalten). Schließlich fügte Geselschap im Gemälde die Cherubim dem Strahlennimbus hinzu. (Geselschap Nr. 155; Neg. Nr. 03 392).

Lit.: CdB 1883, S. 117. – ZfbK 1888, Kchr. Sp. 724. – KfA 4, 1888/9, S. 350; ebda 1898/9, S. 150f. – Donop, S. 23 u. Tf. 5. – Vollmar, in: Der Bär 16, 1890, S. 364ff. – Jordan, Geselschap S. 32f., 36ff. u. Abb. 36–42.

b. 35 **23. »Aufnahme der Gefallenen nach Walhalla«**

6,80 m × 16 m

Zwischen 1887 und Oktober 1890 entstanden. Kompositionsskizzen in den Staatl. Museen zu Berlin, Nationalgalerie, Slg. d. Handzeichnungen, Geselschap Nr. 127–128, 138.

b. 36 Die hier wiedergegebene Zeichnung (Rötel, Blei auf Pauspapier; 19,9 × 29,9 cm) unterscheidet sich von den zuvor genannten Entwürfen in ihrer Skizzenhaftigkeit. Viele Unterschiede gegenüber dem ausgeführten Gemälde und nicht zuletzt die Skizzierung der zentralen Mittelgruppe und einer Walkürengruppe außerhalb des eigentlichen Bildfeldes zeigen, daß Geselschap zunächst mit der Klärung der Komposition im Ganzen, noch nicht mit der Ausarbeitung im Einzelnen beschäftigt war. So gibt der Entwurf z. B. noch nicht die mittelalterlichen Herrscher, sondern Genien mit Palmzweig und Siegerkranz auf den Thronstufen stehend, und die Rundbank erscheint mit geflügelten Genien geschmückt. Die hier sitzenden Gestalten sind wie alle Figuren dieser Zeichnung in heroischer Nacktheit und ohne physiognomische Charakterisierung dargestellt. Die beiden Vordergrundsgruppen weichen beträchtlich von der Ausführung ab: das gilt von der Zahl der Krieger und Walküren ebenso wie von ihrer Anordnung und Haltung. Daß innerhalb der ganz rechten Gruppe wohl bereits Wilhelm I. gemeint war, legen der Bart und die an die Kaiserkrone des neuen Reichs erinnernde Krone nahe. (Geselschap Nr. 127; Neg. Nr. 03 391).

Lit.: KfA 2, 1887, S. 317; ebda 3, 1887/8, S. 174, 241, 288; ebda 4, 1888/9, S. 350; ebda 1897/8, S. 314. – ZfbK 1888, Kchr. Sp. 724. – Deutsche Rundschau 1888/9, Bd. 4, S. 476f. – Donop, S. 21f. u. Tf. 3. – Jordan, Geselschap, S. 33f., 36 u. Abb. 43–48.

B. Die Medaillons in den Pendentifs

Zwischen 1879 und 1883 entstanden.

24. »Tapferkeit« (Südost-Ecke): eine sitzende weibliche Gestalt in Brustpanzer und antikisierendem Helm und mit ihren Attributen, einem Eichenast als dem Symbol »deutscher« Kraft, einem blanken Schwert und einer Löwenhaut als den Zeichen für Tapferkeit und Stärke (zur Eiche als »deutschem« Symbol: H. M. von Erffa, in: Reallexikon zur deutschen Kunstgeschichte IV, Sp. 918f.; zur Löwenhaut: Breysig, S. 526). Ein Putto lehnte an ihren Knien.

Entwürfe in den Staatl. Museen zu Berlin, Nationalgalerie, Slg. d. Handzeichnungen, Geselschap Nr. 43–45, 124. Vgl. a.: Jordan, Geselschap, Abb. 24.

25. »Gerechtigkeit« (Nordost-Ecke): eine weibliche sitzende Figur mit ihren Attributen: Waage und Schwert (Breysig, S. 312) blickte in das aufgeschlagene Gesetzbuch, das ihr ein Putto entgegenhielt.

Entwürfe in den Staatl. Museen zu Berlin, Nationalgalerie, Slg. d. Handzeichnungen, Geselschap Nr. 39–42, 124. Vgl. a.: Jordan, Geselschap, Abb. 25.

26. »Weisheit« (Nordwest-Ecke): eine weibliche Sitzfigur, in weitem Umhang, hielt auf ihren Knien ein geöffnetes Buch als das Sinnbild der Weisheit (Breysig, S. 930); zwei Schlangen wanden sich – als ein ebenfalls traditionelles Attribut – um ihren Hals (Breysig, S. 930). Sie umarmte einen neben ihr knieenden Genius, über dessen Haupt die Flamme der Weisheit leuchtete, und der in der Linken eine brennende Öllampe als Zeichen der Vernunft trug (Breysig, S. 253, 930).

Entwürfe in den Staatl. Museen zu Berlin, Nationalgalerie, Slg. d. Handzeichnungen, Geselschap Nr. 31–32, 124. Vgl. a.: Jordan, Geselschap Abb. 22, 23.

Abb. 37 **27. »Mäßigung«** (Südwest-Ecke): eine weibliche sitzende Gestalt, gekleidet in einen weiten Umhang, hob mit der Linken als ihr Attribut ein Zaumzeug empor (Breysig, S. 537; Ramler, S. 75). Ihre Rechte lag auf dem Rand einer (Gesetzes?-)Tafel. Ein Genius zu ihrer Rechten wies beziehungsvoll in die Tiefe, d. h. auf die unten aufgestellten Herrscherstandbilder.

Entwürfe in den Staatl. Museen zu Berlin, Nationalgalerie, Slg. d. Handzeichnungen, Geselschap Nr. 33–38, 124. Vgl. a.: Jordan, Geselschap, Abb. 26.

Abb. 38 Der hier abgebildete Entwurf (Geselschap Nr. 33. Kreide, weiß gehöht, Wasserfarben auf grauem Papier; 36,9 × 30,6 cm) zeigt die Signatur »F. Geselschap 1890«. Das Blatt ist jedoch vermutlich im Zusammenhang mit den anderen Studien für die bis 1883 vollendeten Medaillons entstanden und viel später erst signiert worden.

Lit.: DBZ 1881, S. 428. – Gartenlaube 1881, S. 247. – CdB 1883, S. 117. – KfA 1, 1886, S. 271. – Donop, S. 16. – Jordan, Geselschap S. 23 ff. und Abb. 22–26.

Die allegorischen Skulpturen in den Feldherrnhallen

Der ursprüngliche Plan war, die im folgenden genannten Statuen nicht in den Feldherrnhallen, sondern in den Ecken der Herrscherhalle zu plazieren (also dort, wo dann 1891 die Büsten Steins, Scharnhorsts, Roons und Bismarcks [Kat. Nr. 12–15] aufgestellt wurden). Für die nördlichen Eckpfeiler sollte Fritz Schaper die »Beigeisterung« und die »Treue«, für die südlichen Pfeiler Reinhold Begas den »Mut« und die »Standhaftigkeit« schaffen. Zur Ausführung der »Standhaftigkeit« kam es nicht; Begas wurde stattdessen mit der Ausarbeitung einer Allegorie der »Kriegswissenschaft« betraut. Die vier Skulpturen stellte man schließlich in den beiden Feldherrnhallen auf.

Lit.: Gartenlaube 1881, S. 247. – DBZ 1881, S. 429. – CdB 1883, S. 117; ebda 1885, S. 35. – ZfbK 18, 1883, Kchr. Sp. 450.

28. »Kriegswissenschaft« (Nordwand der westlichen Halle)

Reinhold Begas. Zwischen 1881 und 1887 entstanden. Weißer Marmor; 2,20 m hoch. Auf poliertem Marmorsockel. Verschollen.

Eine sitzende weibliche Gestalt, die ihren Kopf auf die rechte Hand stützte und in einem mit der Linken gehaltenen Buch las.

Lit.: DBZ 1881, S. 429. – Gartenlaube 1881, S. 247. – ZfbK 1883, Kchr. Sp. 451. – CdB 1883, S. 117. – KfA 3, 1887/8, S.

78, 144. – Führer 1887, S. 34. – Meyer, Begas, S. 92.
Abb.: Meyer, Begas, Abb. 83.

29. »Kraft« (Westwand der westlichen Halle)

Reinhold Begas. Zwischen 1881 und 1887 entstanden. Weißer Marmor; 2,20 m hoch. Auf poliertem Marmorsockel. Verschollen.

Eine weibliche Sitzfigur, Kopf und Rücken von einer Löwenhaut als dem Symbol für Tapferkeit und Stärke (Ramler, S. 81; Breysig, S. 526) bedeckt, stützte ihre Rechte auf eine Eichenkeule, das Attribut der »deutschen« Stärke. Blickwendung, Kopfhaltung und das Spannungsmotiv der Beinstellung signalisierten stete Kampfbereitschaft, »kraftbewußte Entschlossenheit« (Meyer, Begas, S. 92).

Lit.: DBZ 1881, S. 429. – Gartenlaube 1881, S. 247. – ZfbK 1883, Kchr. Sp. 451. – CdB 1883, S. 117. – KfA 2, 1887, S. 318. – Führer 1887, S. 34. – Meyer, Begas, S. 92.
Abb.: Meyer, Begas, Abb. 82. – Halwas, unpag. Tf.

30. »Treue« (Nordwand der östlichen Halle)

Fritz Schaper. 1881 erste Pläne, im Dezember 1883 Fertigstellung des Hilfsmodells für die Marmorausführung, spätestens 1887 vollendet. Weißer Marmor; 2,20 m hoch. Auf poliertem Marmorsockel. Verschollen.

Eine weibliche Sitzfigur, den Kopf von einem drachenbekrönten Helm bedeckt, hielt in der Rechten ein über die Knie gelegtes Schwert bereit und umfaßte mit der Linken die nur als Symbol existent gewesene neue Kaiserkrone, ein Szepter und einen Palmzweig. Alle Attribute verweisen auf eine Bedeutung der Gestalt, die die Treue als stete Bereitschaft zur Wahrung nationaler Stärke und nationalen Friedens interpretierte.

Lit.: DBZ 1881, S. 429. – Gartenlaube 1881, S. 247. – ZfbK 1883, Kchr. Sp. 451. – CdB 1883, S. 117. – Otto Baisch, Fritz Schaper, in: Westermanns illustrirte deutsche Monatshefte 1883, Heft 327, S. 364. – Führer 1887, S. 45. – Jutta von Simson, Fritz Schaper, München 1976 (= Materialien zur Kunst des 19. Jh.s. Bd. 19), S. 21 und Kat. Nr. 13.
Abb.: Halwas, unpag. Tf.

31. »Begeisterung« (Ostwand der östlichen Halle) *Abb. 49*

Fritz Schaper. 1881 erste Pläne, im Dezember 1883 Fertigstellung des Hilfsmodells für die Marmorausführung, spätestens 1887 vollendet. Weißer Marmor; 2,20 m hoch. Auf poliertem Marmorsockel. Verschollen.

Eine sitzende weibliche Gestalt, deren zur Seite gewandtes Haupt mit einem Eichenkranz geschmückt war, hielt in der rechten, auf den Oberschenkel gestützten Hand ein Schwert und in der Linken einen mit dem Reichsadler verzierten Schild: Attribute also, die den kampfbereiten Patriotismus symbolisieren sollten.

Lit.: DBZ 1881, S. 429. – Gartenlaube 1881, S. 247. – ZfbK 1883, Kchr. Sp. 451. – CdB 1883, S. 117. – O. Baisch (vgl. Lit. zur »Treue«), S. 364. – Führer 1887, S. 45. – J. v. Simson (vgl. Lit. zur »Treue«), S. 21 und Kat. Nr. 13.

Abb.: Halwas, unpag. Tf. – CdB 55, 1935, S. 679.

Die Büsten in den Feldherrnhallen

Abb. 42 Im Herbst 1885 waren alle Büsten vollendet und aufgestellt. Man hatte sie in zeitlicher Abfolge angeordnet; ihre Reihe setzte an der Nordwand der westlichen Halle, unterhalb der »Schlacht bei Fehrbellin«, mit dem Porträt des Freiherrn von Sparr ein. Die genaue Plazierung der einzelnen Büsten ließ sich nicht mehr rekonstruieren.

Lit.: KfA 1, 1886, S. 29. – Führer 1887, S. 28ff. – CdB 1935, S. 679 (mit einer Ansicht).

32.–47. Westliche Halle:

Otto Christoph Freiherr von Sparr (1605 [1599?]–1668), Generalfeldmarschall unter dem Großen Kurfürsten. Von Carl Begas, Berlin.

Georg Freiherr von Derfflinger (1606–1695), Generalfeldmarschall unter dem Großen Kurfürsten. Von Moritz Schulz, Berlin.

Joachim Henniges von Treffenfeld (um 1600–1688), Generalmajor unter dem Großen Kurfürsten. Von Carl Albert Bergmeier, Berlin.

Hans Adam von Schoening (1641–1696), General unter dem Großen Kurfürsten. Von Julius Franz, Berlin. (»Dem Künstler hat die lebensgroße Statue Schönings in der Kirche zu Tamsel bei Küstrin, ein Werk Andreas Schlüters, zum Vorbilde gedient«: ZfbK 1883, Kchr. Sp. 651.)

Leopold Fürst von Anhalt-Dessau (1676–1747), Generalfeldmarschall unter Friedrich I., Friedrich Wilhelm I. und Friedrich II. Von Richard Neumann, Berlin.

Kurt Christoph Graf von Schwerin (1684–1757), Generalfeldmarschall unter Friedrich II. Von Julius Moser, Berlin.

Hans Carl von Winterfeldt (1709–1757), Generalleutnant unter Friedrich II. Von Rudolf Pohle, Berlin.

Jacob Keith (1696–1758), Generalfeldmarschall unter Friedrich II. Von Rudolf Schweinitz, Berlin.

Moritz Prinz von Anhalt-Dessau (1712–1760), Generalfeldmarschall unter Friedrich II. Von Rudolf Schweinitz, Berlin.

Friedrich Leopold Graf von Gessler (1688–1762), Generalfeldmarschall unter Friedrich II. Von Rudolf Schweinitz, Berlin.

Friedrich Wilhelm von Seydlitz (1721–1773), General der Kavallerie unter Friedrich II. Von Julius Moser, Berlin.

Heinrich August Baron de la Motte Fouqué (1698–1774), General der Infanterie unter Friedrich II. Von Max Wiese, Hanau.

Ferdinand Prinz von Braunschweig-Lüneburg-Wolfenbüttel (1721–1792), Generalfeldmarschall unter Friedrich II. Von Carl Albert Bergmeier, Berlin.

Friedrich Heinrich Ludwig Prinz von Preußen (1726–1802), General der Infanterie unter Friedrich II., Friedrich Wilhelm II. und Friedrich Wilhelm III. Von Max Wiese, Hanau.

Wilhelm Sebastian von Belling (1719–1779), Generalleutnant unter Friedrich II. Von Ferdinand Hartzer, Berlin.

Hans Joachim von Zieten (1699–1786), General der Kavallerie unter Friedrich II. Von Johannes Pfuhl, Berlin.

48.–63. Östliche Feldherrnhalle

Friedrich Ludwig Christian Prinz von Preußen (= »Louis Ferdinand«; 1772–1806), Generalleutnant unter Friedrich Wilhelm III. Von Otto Büchting, Berlin.

Guillaume René de l'Homme de Courbière (1733–1811), Generalfeldmarschall unter

Friedrich Wilhelm III. Von Ludwig Brodwolf, Berlin.

Friedrich Adolf Graf von Kalckreuth (1737–1818), Generalfeldmarschall unter Friedrich Wilhelm III. Von Heinrich Pohlmann, Berlin.

Gebhardt Lebrecht Fürst Blücher von Wahlstatt (1742–1819), Generalfeldmarschall unter Friedrich Wilhelm III. Von Johannes Pfuhl, Berlin.

Hans David Ludwig Graf York von Wartenburg (1759–1830), Generalfeldmarschall unter Friedrich Wilhelm III. Von Alexander Tondeur, Berlin (vgl. KfA 1, 1886, S. 29).

Friedrich Wilhelm Graf Bülow von Dennewitz (1755–1816), General der Infanterie unter Friedrich Wilhelm III. Von Otto Büchting, Berlin.

Friedrich Boguslaus Emanuel Graf Tauentzien von Wittenberg (1760–1824), General der Infanterie unter Friedrich Wilhelm III. Von Otto Büchting, Berlin (vgl. Grenzboten 1884, S. 570).

Wilhelm Anton August Graf Neidhardt von Gneisenau (1760–1831), Generalfeldmarschall unter Friedrich Wilhelm III. Von Wilhelm Engelhardt, Hannover.

Friedrich Heinrich Ferdinand Emil Graf Kleist von Nollendorf (1762–1823), Generalfeldmarschall unter Friedrich Wilhelm III. Von Julius Franz, Berlin.

Friedrich Ernst Heinrich Graf von Wrangel (1784–1877), Feldmarschall unter Friedrich Wilhelm IV. und Wilhelm I. Von Heinz Hoffmeister, Berlin.

Karl Friedrich Wilhelm Leopold August Graf von Werder (1808–1887), General der Infanterie unter Wilhelm I. Von Max Klein, Berlin. (Klein modellierte nach der Natur: vgl. Max Klein, Einige Lebenserinnerungen, in: Das Magazin für Literatur 62, Berlin 1893, Nr. 27, S. 429.)

August Karl Friedrich Christian von Goeben (1810–1880), General der Infanterie unter Wilhelm I. Von Heinz Hoffmeister, Berlin.

Helmut Karl Bernhard Graf von Moltke (1800–1891), Generalfeldmarschall unter Wilhelm I., Friedrich III. und Wilhelm II. Von Carl Begas, Berlin.

Karl Rochus Edwin Freiherr von Manteuffel (1809–1885), Generalfeldmarschall unter Wilhelm I. Von Max Klein, Berlin. (Klein modellierte nach der Natur: vgl. Max Klein, Einige Lebenserinnerungen, in: Das Magazin für Literatur 62, Berlin 1893, Nr. 27, S. 429).

Friedrich Karl Nicolaus Prinz von Preußen (1828–1885), Generalfeldmarschall unter Wilhelm I. Von Carl Begas, Berlin.

Friedrich Wilhelm Kronprinz des Deutschen Reiches und Kronprinz von Preußen (1831–1888), Generalfeldmarschall unter Wilhelm I. Von Reinhold Begas, Berlin (vgl. A. G. Meyer, Begas, S. 83f., Abb. 64).

Die Historienbilder in den Feldherrnhallen

Von Anfang an hatte man an eine Ausmalung der Feldherrnhallen mit je sechs »großen, die Hauptmomente aus der Geschichte der Armee darstellenden Schlachtenbildern« gedacht, doch scheinen die ersten Gemälde nicht vor 1882/3 in Auftrag gegeben worden zu sein. Hierbei handelte es sich um die insgesamt sechs Darstellungen, die die nördlichen Wände der beiden Hallen schmücken sollten. Erst 1885 wurden die Mittel für die übrigen Wandbilder beantragt.

Neun verschiedene Künstler waren auf Vorschlag der Landeskunstkommission mit der Ausführung der schließlich 12 Wachsfarben-Wandgemälde beauftragt worden. Wir wissen in einem Fall, daß der Wahl eines Künstlers ein Wettbewerb vorangegangen war: man hatte für die Darstellung der »Schlacht bei Leuthen« eine engere Konkurrenz zwischen Artur Kampf, Fritz Roeber, Hugo Vogel und Wilhelm Simmler ausgeschrieben, aus der Fritz Roeber als Sieger hervorging. Möglicherweise wurden auch die Aufträge für die übrigen Historienbilder nach diesem Verfahren vergeben. Die Maler waren verpflichtet worden, ihre Skizzen dem Kaiser zur Genehmigung vorzulegen, der – wie erwähnt – »an der Ausschmückung des Zeughauses das höchste Interesse« nahm, »das sich sogar bis auf Einzelheiten erstreckt(e). So hat(te) der Monarch, als ihm die Skizze des Bildes von Düppel vorlag, u. a. bestimmt, daß auch sein Bruder, der Prinz Karl, auf demselben einen hervorragenden Platz erhalte« (ZfbK 1887, Kchr. Sp. 334).

Lit.: DBZ 1881, S. 428. – ZfbK 1883, Kchr. Sp. 450. – CdB 1883, S. 117; ebda 1885, S. 35. – KfA 2, 1887, S. 352. – ZfbK 1887, Kchr. Sp. 334.

Westliche Halle:

64. »Schlacht bei Fehrbellin, 1675«

Peter Janssen. Skizzen haben dem Kaiser 1883 vorgelegen; 1884 vollendet. Zerstört.

Gezeigt war einer der Höhepunkte der Schlacht bei Fehrbellin (28. 6. 1675), in der der Große Kurfürst die auf Veranlassung Frankreichs in die Mark eingefallenen Schweden vernichtend schlug. Friedrich Wilhelm, seither durch den Ehrennamen »Großer Kurfürst« gefeiert, hatte gegen eine bedeutende Übermacht gekämpft. Dennoch war es ihm, der sich selbst wiederholt »in das wildeste Kampfgetümmel« gestürzt hatte, gelungen, die Mark zu befreien. »Es war die erste Feldschlacht, die die brandenburgische Armee ohne fremde Mitwirkung geschlagen und glänzend gewonnen hat – und zwar gegen eine Kriegsmacht, deren Waffenruhm erst von diesem Tage an zu erbleichen begonnen hat« (Hintze, S. 234). Janssen stellte den Augenblick dar, in dem sich der Große Kurfürst – im Zentrum des Bildes, auf sprengendem Schimmel – an die Spitze des Regiments v. Mörner setzte, die Rechte mit dem Säbel anfeuernd erhoben und auf die Soldaten hinter sich blikkend.

Lit.: ZfbK 1883, Kchr. Sp. 450, 579; ebda 1884, Kchr. Sp. 730. – KfA 2, 1887, S. 29. – Führer 1910, S. 21f. – Markowitz, S. 67, Anm. 62.

Abb.: Halwas, unpag. Tf.

65. »Übergang über das Kurische Haff, 1679« Abb

Wilhelm Simmler. Skizzen lagen dem Kaiser 1883 vor; spätestens 1886 vollendet. Zerstört.

Im November 1678 waren die Schweden – wiederum von Frankreich veranlaßt – in Ostpreußen eingefallen. Der Große Kurfürst, der von Pommern aus heranrückte, zwang den Feind zum Rückzug und verfolgte ihn in großem Tempo, um ihn entweder noch vor der Grenze zur Schlacht zwingen oder durch eine rasche Verfolgung gänzlich aufreiben zu können. »Dieser Winterfeldzug von 1678/9, ein kriegerisches Bravourstück wie Fehrbellin, nur noch größer in den Dimensionen, kann in gewissem Sinne als der Höhepunkt in der militärisch-politischen Laufbahn des Großen Kurfürsten betrachtet werden« (Hintze, S. 237). Mit der Darstellung des über das Eis des Kurischen Haffs hinter den Schweden herjagenden Herrschers hatte Janssen eine überaus volkstümlich gewordene historische Szene gewählt: hoch aufgerichtet in dem von zwei Pferden gezogenen Schlitten stehend, blickte der Fürst nach vorne, in Richtung auf die fliehenden Feinde. Die Kurfürstin, die ihn auf allen Feldzügen begleitet hatte, erkannte man ebenfalls im Schlitten sitzend, von Pelzen umhüllt.

Lit.: ZfbK 1883, Kchr. Sp. 451, 579. – Führer 1887, S. 35. – KfA 2, 1887, S. 20. – Markowitz, S. 67, Anm. 62 (mit dem Datum der Fertigstellung 1890, ohne Nachweis).

Abb.: Halwas, unpag. Tf. – J. v. Pflugk-Harttung und Haefke (Hrsg.), Deutsche Gedenkhalle, Berlin/München o. J., nach S. 160.

66. »Schlacht bei Turin, 1706«

Hermann Knackfuß. Eine 1883 dat. und sign. Skizze in den Staatl. Kunstsammlungen Kassel, Neue Galerie, Inv. Nr. 1543. Spätestens 1887 vollendet. Zerstört.

Als Gegenleistung für die kaiserliche Zustimmung zur Erhebung Preußens zum Königreich hatte sich Friedrich III. (ab 1701: Friedrich I.) zur Teilnahme am spanischen Erbfolgekrieg zugunsten des Hauses Habsburg verpflichten müssen. Die Schlacht bei Turin (7. 9. 1706) ist eine der vielen Kämpfe dieses Krieges gewesen, bei denen preußische Regimenter als Hilfstruppen mitfochten. Dem kaiserlichen Feldherrn Prinz Eugen von Savoyen, der das von den Franzosen belagerte Turin zu entsetzen hatte, war eine kleine brandenburgische Armee unter dem Fürsten Leopold von Anhalt-Dessau zu Hilfe geeilt. »Fürst Leopold, damals 27 Jahre alt, stürzte inmitten seines Regiments auf den linken Flügel der feindlichen Stellung, trieb die Franzosen aus ihren Verschanzungen und brachte die Entscheidung des Tages« (Führer 1910). Ihn stellte Knackfuß denn auch als entschlossenen Kämpfer dar, an der Spitze seiner Soldaten reitend, die man von links mit ihren Fahnen und Waffen gegen den Feind stürmen sah.

Lit.: ZfbK 1883, Kchr. Sp. 451, 579. – Führer 1887, S. 35. – KfA 7, 1891/2, S. 72. – Markowitz, S. 67, Anm. 62 (mit dem Datum der Fertigstellung 1890, ohne Nachweis).

Abb.: Halwas, unpag. Tf. – KfA 7, 1891/2, gegenüber S. 68.

67. »Schlacht von Hohenfriedberg, 1745«

Abb. 44

Peter Janssen. Im September 1890 war Janssen mit der Ausführung beschäftigt. Zerstört.

Die Schlacht von Hohenfriedberg (4. 6. 1745) galt als eine der glänzendsten Waffentaten Friedrichs II. In ihr wurden – während des 2. Schlesischen Krieges – die Österreicher entscheidend geschlagen, wobei der von Janssen dargestellte Überraschungsangriff des Dragonerregiments Bayreuth unter General Gessler den Ausschlag zum Siege der Preußen gegeben hatte. Im bald darauf geschlossenen Frieden von Dresden (25. 12. 45) wurde Friedrich II. im Besitz Schlesiens bestätigt.

Lit.: KfA 4, 1888/9, S. 30, 350. – Deutsche Post 4, 1890, S. 605. – Führer 1910, S. 23. – Markowitz, S. 67, Anm. 62.

Abb.: Halwas, unpag. Tf.

68. »Schlacht bei Leuthen, 1757«

Fritz Roeber. 1887 wurde eine Konkurrenz um dieses Bild ausgeschrieben, aus der Roeber als Sieger hervorging (vgl. die Vorbemerkung zu den Historienbildern); im August 1889 war der Künstler mit der Ausführung beschäftigt. Zerstört.

Die geschilderte Szene fand vor der für Preußen siegreichen Schlacht bei Leuthen (5. 12. 1757) statt, zu Beginn des Siebenjährigen Krieges also, mit dem Friedrich der Große den Besitz Schlesiens endgültig durchsetzen und die Stellung Preußens als Großmacht behaupten konnte. Die Situation vor diesem Kampf war für den König außerordentlich kritisch gewesen: Schlesien war fast vollständig an Österreich zurückgefallen; Friedrich stand für die Wiedereroberung nur eine den Kräften des Gegners erheblich unterlegene Armee zur Verfügung. Zwei Tage vor der Schlacht hatte der König seine Generäle und Stabsoffiziere zu sich befohlen und an sie eine zu Mut, Standhaftigkeit und Vaterlandsliebe aufrufende Ansprache gerichtet: »... ist aber Einer oder der Andere unter Ihnen, der sich fürchtet, alle Gefahren mit mir zu teilen, der kann noch heute seinen Abschied erhalten, ohne von mir den geringsten Vorwurf zu leiden« (Kugler, S. 296). Diese berühmt gewordene Szene, die für die unbedingte Treue der Armee zum Monarchen stehen sollte, hatte Janssen geschildert.

Lit.: KfA 2, 1887, S. 352. – ZfbK 1888, Kchr. SP. 724. – KfA 4, 1888/9, S. 350. – Führer 1910, S. 23f. – Markowitz, S. 67, Anm. 62.

Abb.: Halwas, unpag. Tf.

Abb. 45

69. »Schlacht von Torgau, 1760«

Peter Janssen. Eine 1886 dat. Skizze im Kunstmuseum Düsseldorf, Inv.-Nr. 5576. Der Entwurf traf im Juni 1888 in Berlin zur Begutachtung ein; im Oktober desselben Jahres war das Bild vollendet. Zerstört.

Ebenfalls während des Siebenjährigen Krieges wurde die für Preußen erfolgreich verlaufene Schlacht von Torgau (3./4. 11. 1760) geschlagen, durch die Friedrich II. sich in Sachsen (mit Ausnahme von Dresden) halten konnte. Der am 3. 11. begonnene Kampf, in dem der König selbst leicht verwundet wurde, war bis zum Abend unentschieden geblieben. In der Nacht auf den 4. 11., in der die Österreicher voreilig schon den Sieg nach Wien gemeldet hatten, war Zieten herangerückt und hatte einen Sieg errungen, der die Wende brachte. Am nächsten Morgen erschien der König auf dem Schlachtfeld. Als »Friedrich und Zieten einander begegneten, fielen sie sich tiefbewegt in die Arme; Friedrich weinte laut und war unvermögend, dem treuen Diener seinen Dank auszusprechen« (Kugler, S. 387). Diese Szene bildete den Mittelpunkt der Komposition.

Lit.: KfA 3, 1887/8, S. 288, 335; ebda 4, 1888/9, S. 30. – ZfbK 1888, Kchr. Sp. 436, 724. – Führer 1910, S. 24f. – Markowitz, S. 67, Anm. 62.

Abb.: Halwas, unpag. Tf. – ZfbK NF 7, 1896, Abb. 1.

Östliche Halle

70. »Völkerschlacht bei Leipzig, 1813«

Abb.

Werner Schuch. Im November 1887 lag die Farbenskizze vor; im August/September 1888 begann Schuch mit der Ausführung; Ende 1888 war das Bild vollendet. Zerstört.

Dargestellt war der Haupttag der drei Tage währenden Völkerschlacht bei Leipzig (16., 18. und 19. Okt. 1813). An ihm, dem 18. 10., errangen die Verbündeten einen vollständigen Sieg über Napoleon. Am folgenden Tage wurde Leipzig eingenommen. Dieser siegreiche Kampf, der den »Höhepunkt in dem kriegerischen Zusammenwirken der Verbündeten« bedeutete, hatte die Befreiung des ganzen rechtsrheinischen Deutschland zur Folge gehabt (Hintze, S. 481). Im Zentrum von Schuchs Bild sah man die verbündeten Monarchen (von links nach rechts: Friedrich Wilhelm III., Franz I. und Alexander I.) zu Pferde auf dem Feldherrnhügel, das Schlachtfeld überschauend.

Lit.: KfA 3, 1887/8, S. 78, 128, 366; ebda 4, 1888/9, S. 108. – ZfbK 1888, Kchr. Sp. 214, 436, 724; ebda 1889, Kchr. Sp. 154. – Führer 1910, S. 26.

Abb.: Halwas, unpag. Tf.

71. »Schlacht von Belle-Alliance, 1815«

Georg Bleibtreu. Im Oktober 1886 arbeitete Bleibtreu an dem Bild; im Januar 1887 war er beschäftigt, die Skizze auf die Wand zu übertragen: »Prof. Bleibtreu ist jetzt dabei, die Zeichnung seines Gemäldes... auf die Wand der Feldherrnhalle... zu übertragen. Statt des bisher üblichen Durchpausens hat Bleibtreu den Karton auf Glas photographieren lassen. Diese Glasplatte wird in einem nach Art der Laterna magica konstruierten Apparat gesetzt, welcher das Bild in der gewünschten Größe auf die Wand wirft. Alsdann werden die einzelnen Linien direkt auf die Wand gezeichnet.« (KfA 2, 1887, S. 122.) Zerstört.

Bleibtreu schilderte den Höhepunkt der Schlacht bei Belle-Alliance (Waterloo) am 18. 6. 1815. An der Spitze der von rechts heranrückenden Preußen ritt Blücher, anspornend mit der Rechten in Richtung auf den Feind weisend und von Soldaten freudig begrüßt. Gemeint war hier das entscheidende, von Napoleon nicht erwartete Eingreifen Blüchers, der zwei Tage zuvor bei Ligny von den Franzosen geschlagen worden war: trotz dieser verlustreichen Niederlage hatte es der preußische Feldmarschall unter schwierigsten Bedingungen vermocht, Wellington – wie verabredet – zu Hilfe zu eilen. Gemeinsam gelang es so in letzter Minute, den Kampf für sich zu entscheiden und damit einen Sieg zu erringen, der Napoleons Schicksal endgültig besiegelte.

Lit.: KfA 2, 1887, S. 29, 122. – ZfbK 22, 1887, Kchr. Sp. 333; ebda NF 4, 1893, Kchr. Sp. 53. – Führer 1910, S. 26f.

Abb.: Halwas, unpag. Tf. – J. v. Pflugk-Harttung und Haefke (Hrsg.), Deutsche Gedenkhalle, Berlin/München o. J., nach S. 296.

72. »Erstürmung der Düppeler Schanzen, 1864«

Ernst Roeber. Spätestens 1888 vollendet. Zerstört.

Die hier dargestellte Szene fand während des Krieges statt, den Österreich und Preußen gegen Dänemark 1864 um den Besitz von Schleswig führten. Am 18. April dieses Jahres war es zum siegreichen Sturm auf die schwer zu erobernden Düppeler Schanzen gekommen. Prinz Friedrich Karl, ein Neffe des preußischen Königs, hatte den erfolgreichen Angriff geleitet. Ihn stellte Roeber denn auch als den überlegenen Feldherrn auf einer Anhöhe dar, sich an seine Offiziere wendend und hinunter auf das Schlachtfeld weisend. »Die preußischen Truppen legten hier zum erstenmal seit der Heeresreform eine glänzende Probe ihrer Tüchtigkeit im Felde ab, die dem preußischen Namen wieder Achtung in der Welt verschaffte« (Hintze, S. 589).

Lit.: KfA 2, 1887, S. 121; ebda 4, 1888/9, S. 46. – ZfbK 1887, Kchr. Sp. 334; ebda 1888, Kchr. Sp. 724. – Führer 1910, S. 27. – Markowitz, S. 67, Anm. 62 (mit dem Datum der Fertigstellung 1887, ohne Nachweis).

Abb.: Halwas, unpag. Tf.

73. »Schlacht bei Königgrätz, 1866« *Abb. 47*

Emil Hünten. 1883 lagen dem Kaiser Skizzen vor; 1884 war der Karton vollendet; spätestens 1886 hatte Hünten das Gemälde fertiggestellt. Zerstört.

Am 3. Juli 1866 war bei Königgrätz die Schlacht zwischen Preußen und Österreich geschlagen worden, durch die die Entscheidung im Kampf um die Vorherrschaft in Deutschland herbeigeführt wurde. Hüntens Bild zeigte jedoch nicht die Schlacht selbst; dargestellt war vielmehr eine Szene unmittelbar nach diesem Kampf, an dessen Ausgang der preußische Kronprinz Friedrich Wilhelm (der nachmalige Friedrich III.) mit seiner Armee entscheidenden Anteil gehabt hatte: der König und sein Sohn waren am Abend des 3. Juli auf dem Schlachtfeld zusammengetroffen. »Beide fanden zuerst kein Wort vor tiefer Bewegung. Als der greise Monarch wieder sprechen konnte, sagte er dem Sohne Worte der höchsten Anerkennung; ›er habe durch seine glücklichen Erfolge bewiesen, daß er

Befähigung zum Feldherrn habe‹. Dann neigte sich der König auf seinem Rosse nach vorn und überreichte unter dem Jubel der Truppen dem aufs höchste überraschten Sohne, dem Sieger von Königgrätz, Preußens höchsten Militär-Verdienstorden, den Orden pour le mérite« (Hermann Müller-Bohn, Kaiser Friedrich der Gütige, Berlin o. J., S. 299f.).

Wilhelm I. (vom Rücken gesehen) und der Kronprinz bildeten den Mittelpunkt des Gemäldes: beide zu Pferde, sich die Hände reichend, wobei Friedrich Wilhelm den ihm eben verliehenen Orden in der Linken hielt. Links sah man, ebenfalls zu Pferde, Moltke, Bismarck und Roon; rechts preußische Soldaten, eine erbeutete österreichische Fahne im Triumph präsentierend.

Lit.: ZfbK 1883, Kchr. Sp. 451, 579; ebda 1884, Kchr. Sp. 730. – KfA 2, 1887, S. 20. – Führer 1887, S. 43f.

Abb.: Halwas, unpag. Tf.

74. »Sturm auf St. Privat, 1870«

Georg Bleibtreu. Skizzen haben 1883 dem Kaiser vorgelegen; spätestens 1887 war das Bild vollendet. Zerstört.

Gezeigt war der erfolgreiche Angriff der Deutschen auf das Dorf St. Privat, die blutigste und größte Schlacht des Frankreichfeldzuges, die den Rückzug der französischen Armee des Generals Bazaine in die Festung Metz erzwungen hatte (18. 8. 1870). Die schlimmsten Verluste dieser Schlacht »erlitt das 2. Garde-Regiment zu Fuß, dessen Vorstürmen das Bild« zeigte (Führer 1910, S. 27f.).

Lit.: ZfbK 1883, Kchr. Sp. 451, 579; ebda 1884, Kchr. Sp. 730; ebda NF 4, 1893, Sp. 53. – Führer 1887, S. 44.

Abb.: Halwas, unpag. Tf.

75. »Nach der Schlacht bei Sedan, 1870« *Abb.*

Carl Steffeck. 1883 lagen Skizzen dem Kaiser vor; 1884 war das Bild vollendet. Zerstört.

Mit der Schlacht bei Sedan (1. 9. 1870) war der Deutsch-Französische Krieg entschieden worden: Kaiser Napoleon III., der mit der Armee Mac-Mahons in der Festung Sedan eingeschlossen worden war, mußte kapitulieren. Wilhelm I. hatte den Kampf von einer Anhöhe bei Frénois aus verfolgt. Hier war dann auch der französische General Graf Reille als Abgesandter Napoleons vor den preußischen König getreten und hatte ihm das Kapitulationsschreiben des Kaisers überreicht. Dieser Augenblick war von Steffeck wiedergegeben worden: im Zentrum des Bildes erschien Wilhelm I., hinter ihm waren Bismarck, Moltke und Roon sowie der preußische Kronprinz zu erkennen. Dem König näherte sich der französische General. Rechts im Hintergrund ein französischer Krieger zu Pferde, die weiße Fahne mit sich führend.

Lit.: ZfbK 1883, Kchr. Sp. 451, 579; ebda 1884, Kchr. Sp. 1ff., 730. – Führer 1887, S. 44.

Abb.: Halwas, unpag. Tf.

DOKUMENTE

1. Beschreibung des Zeughauses von 1756

(aus: Johann Christoph Müller und Georg Gottfried Küster, Altes und neues Berlin, 3. Abtlg., 5. Kap., Sp. 154 ff. – Hier gekürzt)

§. 27. Das neue Königl. Zeughauß ist ein vortreffliches, grosses und magnifiques Gebäude, dergleichen man an kostbarer Bildhauer-Arbeit, und ungemeinen Vorrath, an Canonen, Mortiers, Gewehr und andern Krieges-Erfoderungen, in ganz Deutschland, ja gar in Europa schwerlich finden wird; und wie dasselbe in einen regulairen Viereck ganz massiv und feste angeleget, und auf jeder Seite ohngefehr 280. Fuß lang ist, so sezet die mit einem solchen Bau als dieser übereinstimmende künstliche und kostbare Archidectur, und sinreiche Auszierungen, an Säulen, Pilastres, Casquets, Trophæen, Statuen, jederman in Verwunderung.

Das neue wird beschrieben.

§. 28. Der Stifter, war der hochsel. Churfürst Friedrich der III. welcher den 28sten May 1695. Nachmittags, den ersten Grund-Stein zu diesem prächtigen Gebäude in hoher Person geleget, wobey einige Canonen auf dem benachbarten Wall losgebrant worden. An diesem Gebäude haben drey berühmte Baumeister ihre Kunst sehen lassen. Der erste war der Ober-Bau-Director Nehring, welcher die kostbare lange Brücke erbauet. Der zweyte, durch welchen (weil Nehring starb) die weitere Ausführung geschehen, war der berühmte Ober-Bau-Director Andreas Schlüter, und der dritte, welcher das Werk vollendet, auch das grosse Portal, nebst den Obern Zierrathen und Trophæis angeleget, war der geschickte und erfahrne Ingenieur auch vortreffliche Baumeister der Königl. General-Major Bodt *).

Der Stifter desselben. Die Baumeister.

§. 29. Dieses Weltberühmte Gebäude hat zwey Stockwerk, deren das unterste von der so genannten Rustic-Arbeit ist, und aussiehet, als wenn das ganze Zeug-

Die unterste,

Aa 2 Hauß

*) Daß Blondel (welcher Feldmarschall der Königlichen Armeen, und Director der Bildhauer-Academie gewesen, den Dauphin in der Mathematik unterwiesen, und viel ansehnliche Krieges-Bedienungen zu Wasser und Lande vorgestanden, auch zu Berlin, Copenhagen und andern Höfen einige Staats-Geschäffte verrichtet) den ersten Entwurf dazu gemacht habe, erzehlet der Herr Major Humbert. S. Hamburg. Magazin l. c. p. 403. In der Bibliotheque Germanique tom. XLVII. finde ich ein Buch angezeiget, unter dem Titul: *Vues des Palais & Maisons de plaisance de S. M. le Roi de Prusse, dessinées & gravées* par *J. Broebes* 1733. fol. in welchem eine Vorstellung in Kupfer mit der Aufschrift: *Façade de l'Arsenal de Berlin du dessein de* Blondel, *conduit par* Nehring, Grüneberg, Schluter, Bodt, angetroffen wird.

Die

Hauß gleichsam aus einem Steinfelsen hervorragte und aufwüchse. Diese Etage hat auf allen Seiten drey Eingänge oder Thüren einem im Portal, und 2 andere auf den beyden Seiten, so nach Proportion des Gebäudes hoch und weit von Eichenholz mit allerhand Kriegs-Rüstungen en bas relief zierlich ausgearbeitet, und gleich den 16. grossen und hellen Fenstern mit Casqueten von verschiedener Auszierung und Stellung prangen, welche wegen der raren Invention und künstlichen Bildhauer Arbeit des Ober-Bau-Director Schlüters, ihres gleichen an wenig Orten haben.

Die andere Etage wird beschrieben.

§. 30. Die andere Etage ist nach Dorischer Ordnung recht prächtig aufgeführet und mit Trigliphen und Metopen geschmücket. Die erste Seite gegen den Cronprinzlichen Pallast, welche sich vor andern heraus wirft, hat ein unvergleichlich schönes Portal von vier freyen Dorischen Säulen. Ueber der Thür ist das Brustbild des hochsel. Königs Friderich des I. in ovaler Form mit einem Lorbeer-Kranz um das Haupt zu sehen, welches vorgedachter Schlüter in Erz sehr ähnlich gegossen, der Goldschmidt Thile aber mit Ducaten-Golde im Feuer stark vergüldet. Auf beyden Seiten des Brustbildes stehet ein Adler mit ausgebreiteten Flügeln. Das königliche vollständige gar zierlich ausgearbeitete Wapen aber, wird von 2. Frauens-Personen mit Palmen-Zweigen in der Hand gehalten, hinter deren Rücken allerhand Armaturen hervorragen, und sind alle diese Bas reliefs von einem französischen Bildhauer angefertiget worden. Ueber dem Portrait und Wapen ist in einem geraumen Felde, nachstehende Inscription mit Römischen recht verguldten Buchstaben zu lesen:

IVSTITIAE. ARMORVM TERRORI. HOST. TVTELAE. SVORVM. POP. ET. FOEDERAT. FRIDERICVS. I. REX. BORVSS. P. PP. AVG. INVICT. HOC. ARMAMENTARIVM. OMNI. INSTRVM. BELL. NEC. NON. SPOLIOR. MILIT. AC. TROPHAEOR. GENERE. REFERTVM. A. FVNDAM. EXSTRVENDVM. CVRAVIT. M. D. CC. VI.

Das Frontispice, ist nach Art der alten, mit schönen Bas-reliefs versehen, welche den Martem, Herculem, eine Person so sich dem Marti submittiret, wie auch andere Figuren und Krieges-Instrumenta vorstellen. Das ganze Portal ist von den besten Pirnischen Steinen, woraus auch die 16. Dorische auf jeder Seite des Zeughauses befindliche Pilasters, samt den Architraven, Frisen, Cornichen, Fenster-Zierrathen und der kostbaren Balustrade bestehen. Ueber den grossen Portal und der Balustrade sind 2. grosse Trophæa mit allerhand Krieges-Rüstungen, Fahnen &c. gesezt, und auf den Seiten ist zur rechten die Bellona mit Sclaven und allerhand Armaturen, zur linken aber, Mars mit dergleichen Sclaven und Armaturen, sonst aber noch 6. kleinere Trophæa, auf jeder Seite des Portals zu sehen, und hat man zu den grossen Figuren und Trophæen, mächtig grosse Quadersteine zum Theil noch ganz rauch, wie sie gebrochen, mit grosser Mühe hinauf gezogen, und oben ausgearbeitet.

Die Seite gegen den Wall.

§. 31. Die andere Seite des Zeughauses gegen den Wall, hat in der Mitte ein Portal mit 4. Dorischen Wand-Säulen, ein schönes Frontispice mit bas-reliefs, und über der Balustrade 2. grosse Figuren mit Kriegs-Rüstungen, auch 2. dergleichen auf den Seiten über dem dritten Fenster einer jeden Seite, im übrigen aber 12. kleinere Trophæa.

Die Seite gegen das Gieß-Hauß.

§. 32. Die dritte Seite gegen das Gießhauß fällt von außen nicht allzusehr in die Augen, weshalb das Portal nur mit 4. Dorischen Wandsäulen, und über der Balustrade mit Trophæen versehen, es ist auch an statt der übrigen Zierrathen nur der 3te und 4te Pilaster auf jeder Seite in zwo Wand-Säulen, auf Art eines kleinen hervorspringenden Portals, verwandelt, und auf der Balustrade mit 2. kleinen Trophæen gezieret.

Die Seite gegen den Spree-Canal.

§. 33. Die vierte und lezte Seite gegen den Spree-Canal und grossen Parade-Plaz und ehmaligen Lust-Garten, hat in der Mitte das schöne Portal von 4. Dorischen Wand-Säulen, ein künstliches Frontispice mit bas-reliefs, und zu oberst auf den Postementen der Balustrade, 2. grosse Figuren mit Krieges-Rüstungen, auch 2. dergleichen auf den Seiten,

Die Recension dieses Werks, welche den Herrn Major Humbert zum Verfasser hat, enthält viel schöne, und die Baukunst so wohl überhaupt, als insbesondere dieses prächtige Arsenal betreffende Anmerkungen. Er hat solche in seinen *Ouvrages diverses sur les belles lettres l'architecture civile & militaire* wieder auflegen lassen. Aus dieser Ouvrages ist in des Hamburgischen Magazin IV. Band p. 383. die Uebersezung eines Schreibens vom guten Geschmack in der Baukunst, zu lesen.

Seiten, und zwölf kleine Trophæa. Das flache Dach des Zeughauses ist aus erheblichen Ursachen mit Schindeln von den besten Eichenholz in Oel gesotten, beleget.

Die bey dem [illegible] Figuren.

§. 34. Bey dem ersten grossen Portal stehen vier künstliche Figuren auf zierlichen Fußgestellen, deren die beyde zur rechten, die Statuariam und Geometriam, die zur linken aber die Arithmeticam und Artillerie oder Feuerwerker-Kunst vorstellen *).

Canonen um das Zeughauß.

§. 35. Um das ganze Zeughauß sind viele eiserne Canonen, halb in die Erde gegraben, an welchen die Buchstaben FR. mit vergüldten Palm-Zweigen und Königl. Cronen zu sehen, und diese Canonen sind mit starken eisernen Ketten an einander gefüget, zwischen welchen bey den drey grossen Portalen, 2. Bomben-Haufen, und an jeder Ecke, ausgenommen gegen das Gießhauß auch einen, sonst aber rund herum viel tausend 24. pfündige Canonen-Kugeln gar zierlich rangiret, welches diesem ohnedem prächtigen Zeughause, ein recht prächtiges Ansehen giebt. Das übrige ist aus der Orthographie des Zeughauses, mit Vergnügen zu ersehen.

Inwendige Beschaffenheit desselben.

§. 36. Was die inwendige Beschaffenheit dieses Zeughauses anbelanget, so ist der unterste Stock ringsherum massiv und kostbar gewölbet, und ruhet das starke Gewölbe auf gedoppelten Reihen viereckichter Pilaren oder Pfeiler, welche mit schwarzen Harnischen, Sturmhauben, Morgensternen, Sturmsensen, &c. behangen und ausgezieret sind.

§. 37. In diesem Stockwerk ist alles voll von 24. und 12. pfündigen Canonen, Feldstücken, Geschwindschüssen, und 50. pfündige Mortiers, welche der hochsel. König **Friedrich Wilhelm** giessen lassen; Es sind aber auch noch einige alte Canons und Mortiers von grössern und kleineren Calibre verhanden, wie auch verschiedene sonderlich Schwedische, Polnische, Französische und Bayersche Canonen, welche in öffentlichen Feldschlachten gewonnen worden, die alte Canonen aber, welche zum theil unbrauchbar, oder von allzuschweren Calibre gewesen, sind auf Königliche Ordre zum Theil umgegossen, und bessere und brauchbare daraus verfertiget, welches auch dem grossen Mortier, so eine Bombe von 800. Pfund geworfen, und in der Belagerung von Stettin anno 1677 gebrauchet worden; wiederfahren.

Das obere Stockwerk des Zeughauses.

§. 43. Das obere Stock-Werk des Zeughauses, und das inwendige desselben ist von dem hochsel. König **Friedrich Wilhelm** völlig ausgebauet, und mit unzehligen kostbaren Gewehr, Trommeln, Casquetten und Kürassen &c. welche Trophäen-Weise nach dem Leben aufgesezt worden, angefüllet, daß das Auge nicht weiß, wohin es sich am ersten wenden soll; wie denn auch die auf dem Hofe befindliche steinerne Schluß-Köpfe, so der berühmte **Schlüter** mit eigner Hand verfertiget, als ein sonderbares Kunst-Stück von jederman bewundert werden, indem sie alle Leidenschaften der Menschen nach den Leben ausdrücken.

Lob desselben.

§. 44. In Summa, wer den grossen Vorrath an Canonen, Mortiers, Bomben- und Canonen-Kugeln, so um das Zeughauß, und in dem Bollwerk, wie auch längst der Courtine liegen, erweget, wird gestehen müssen, daß dergleichen bey keinen Potentaten in Teutschland, oder sonst an einem Orte anzutreffen sind. Und wer die blecherne bequeme Pontons, welche in dem Ponton-Hause auf der Dorotheen-Stadt aufbehalten werden, wie auch die übrige zu Belagerungen und Marschen gehörige Requisita ansiehet, wird bekennen, daß der weise Ausspruch: Felix illa Respublica, quæ in pace de bello cogitat, im höchsten Grad appliciret worden.

*) In den Briefen des Herrn von Pölniz 1 Th. p. 29. (woselbst wie auch in dessen neuen Nachrichten 1 Th. p. 145. sq. weitläuftig von diesem prächtigen Gebäude gehandelt wird. S. auch Martiniere Geograph. Lexicon II. 718.) werden sie als 4. Haupt-Tugenden angegeben: daß aber ein Irrthum allhier geschehen, bemerket Herr Humbert. S. Hamb. Magazin l. c. p. 404.

2. Erlaß Wilhelms I. vom 22. März 1875

(Deutsches Zentralarchiv Merseburg, Rep. 77 tit 151 Nr. 15, Bd. 7, Bl. 217)

»Es ist Mein Wunsch, daß der Plan, das Zeughaus in eine Ruhmeshalle für die Preußische Armee umzuwandeln, einer näheren Erwägung unterzogen wird. Ich habe einer von Mir zu vorgedachtem Zweck niedergesetzten Kommission die Bearbeitung eines Projektes hierzu und die Aufstellung eines generellen Kostenanschlages aufgegeben und lasse dem Staatsministerium diesen Entwurf mit dem Auftrage zugehen, Mir über die weitere Ausführung des Planes, sowie speciell über die Beschaffung der erforderlichen Geldmittel nach Maßgabe des fortschreitenden Baues Bericht zu erstatten.«

3. »Eine preußische Ruhmes- und Ehren-Halle«

(Norddeutsche Allgemeine Zeitung vom 21. 3. 1875 – Hier gekürzt)

»Vor Kurzem sind in flüchtigen Umrissen die Grundzüge des Entwurfs veröffentlicht worden, nach welchem das Berliner Zeughaus nicht nur in ein Waffenmuseum, verbunden mit einer Trophäensammlung, sondern in eine *Gedächtnißhalle* brandenburgischen und preußischen Waffenruhmes umgewandelt werden soll, wie sie großartiger und würdiger nicht in Europa besteht. Das Bedürfniß dazu ist seit langer Zeit fühlbar. Gemahnte es doch allzu sehr an die altpreußische Sparsamkeit König Friedrich Wilhelms des Ersten, wenn die Fremden, denen unter den Sehenswürdigkeiten der Hauptstadt auch das Zeughaus genannt worden war, wohl von außen einen prachtvollen Bau bewundern, auf dem Hofe die bekannten zwölf Masken besichtigen konnten, dann aber zu der Halle, welche die stummen und doch so beredten Zeugen unseres Waffenruhmes enthält, auf einer Treppe emporsteigen mußten, wie sie wohl einer mäßig ausgestatteten Montirungskammer in einer Provinzialgarnison entsprach, aber weder der innern noch der äußern Bedeutung des majestätischen Gebäudes und seines kostbaren Inhalts angemessen war. Und in welcher innern Ordnung befand sich erst die Waffen- und Trophäensammlung selbst!... An Waffenruhm und kriegerischen Erfolgen keinem Volke nachstehend, schien uns doch der künstlerisch-historische Sinn abhanden gekommen zu sein, um die mancherlei Schätze, welche die Sammlungen des Zeughauses in sich bergen, zu geordneten historischen Bildern zu vereinigen...

Und so glich unser Zeughaus, seiner Bestimmung nach halb Depot, halb Sammlung, eher einer großen Niederlage, in welcher man nur der bessern Ordnung wegen ein dem flüchtigen Blick genügendes Arrangement getroffen hatte...

Mit der Aufrichtung der Deutschen Kaiserwürde, mit dem Eintritt der preußischen Armee in den Reichsheeresverband mußte die spezifisch brandenburgisch-preußische Kriegsgeschichte als abgeschlossen gelten. Um so mehr Veranlassung war vorhanden, die im Laufe dieser ehrenreichen Geschichte gesammelten Waffenschätze und andern kriegerischen Denkwürdigkeiten in einer den Anforderungen der Kriegswissenschaft, der Waffenkunde und des berechtigten vaterländischen Stolzes entsprechenden Weise zu ordnen, aufzustellen und anders als bisher dem Beschauer zugänglich zu machen...

Der Hitzig'sche Plan bestimmt die hohen Hallen des Erdgeschosses zu einem Artilleriemuseum. Aus demselben treten wir in einen mit der Statue der Minerva geschmückten Hof und steigen auf einer im Styl des Zeughauses gehaltenen Freitreppe in den ersten Stock, in die auf der Langseite des Zeughauses, nach der Zeughausstraße, belegenen Halle, welche zur Ruhmeshalle bestimmt ist. Dieselbe empfängt ihr Licht von oben, in der Mitte des mächtigen Raumes ist eine Rotunde mit Kuppellicht vorgesehen. – Die Wände sollen mit Fresko-Gemälden, Szenen aus der brandenburgisch-preußischen Kriegsgeschichte darstellend, geziert werden, anderer reicher, auf die Geschichte der Armee bezüglicher Bilderschmuck könnte sich anreihen. Die Pfeiler sollen mit Statuen und Büsten der preußischen Herrscher und der hervorragendsten Feldherrn unserer Armee geschmückt sein. Man würde dabei selbstverständlich bis auf die neueste Zeit gehen. An diese Halle sollen sich dann die aus Waffen etc. bestehenden Sammlungen schließen. Sie würden ihren Platz in den drei Langseiten finden, welche nach dem Wasser, nach dem Platz am Zeughause und nach dem Kastanienwalde die Fronten des mächtigen Gebäudes bilden. Den Inhalt der Sammlungen werden Waffen, Harnische, Uniformen und sonstige kriegerische Reliquien fürstlicher Personen und berühmter Heerführer ausmachen. Die zahlreichen, historisch gewordenen Fahnen sollen in chronologischer Ordnung aufgestellt werden, und endlich wird eine vollständige, ebenfalls chronologisch und wissenschaftlich geordnete Sammlung der Schutz- und Trutzwaffen, wobei auch die Waffen anderer Völker und Länder vertreten sein sollen, von der ältesten bis auf die neueste Zeit angelegt werden.

Es untersteht wohl keinem Zweifel, daß dieser Entwurf... allseitig die freudigste Zustimmung finden wird. Wohl Jedem drängt sich dabei der Gedanke auf, daß auf diesem Wege eine lange und schmerzlich empfundene Lücke geschlossen, nicht nur für die Hauptstadt eine würdige Zierde, sondern zugleich auch ein Museum von höchstem Werthe für Historiker und Künstler geschaffen wird.

Und gerade die künstlerische Seite des Entwurfs möchte ganz besonders zu betonen sein. Welche Gelegenheit zum rühmlichsten Wetteifer für unsere Maler und Bildhauer wird da geboten!...

Der prachtvolle architektonische Bau des Zeughauses würde durch die Verwirklichung jenes Planes erst seiner wahren Bestimmung zurückgegeben. Nicht eine ›A toutes les gloires de la France‹ gewidmete Galerie, sondern ein Waffen- und Trophäenmuseum soll hier entstehen, an dessen Wände, zwischen die Waffen- und Fahnengruppen, Künstlers Hand die Geschichte der Zeit zeichnet, welche das rostige Eisen, das zerfetzte Panier uns vergegenwärtigen soll. Die Ruhmeshalle muß ein großes Gemeingut unseres Volkes, die Sammelstätte seiner theuersten nationalen Erinnerungen werden...

Und wenn nun endlich unserer Heldengeschichte eine der Helden würdige Stätte bereitet wird, würdig der Väter, deren Ruhm wir ererbt; würdig der Todten, die wir beweinen; der Lebenden, die wir verehren; würdig der Zukunft, welche Preußen an Deutschlands Spitze zu erfüllen berufen ist, dann möge auch die Ausführung der Großartigkeit des Gedankens und der Hochherzigkeit, mit welcher unser kaiserlicher Herr ihn aufgenommen, entsprechen. An der Bewilligung der erforderlichen Mittel ist bei dem patriotischen Stolze unserer Landesvertretung und im Hinblick auf die vielseitige Bedeutung des zu Schaffenden nicht zu zweifeln, die Verwirklichung des Planes aber darf wohl getrost der Hand dessen, der ihn entworfen, überlassen werden.«

4. »Eine preußische Ruhmeshalle im Zeughaus zu Berlin«

(Neue Preußische Zeitung Nr. 71 vom 25. März 1875 – Hier gekürzt)

»Selten sind wir in unserem publicistischen Wirken einer so allgemeinen Zustimmung in allen Schichten der Gesellschaft begegnet, als sie das Project der Benutzung des Berliner Zeughauses zur Errichtung einer ›Ruhmeshalle für die brandenburgisch-preußische Armee‹ in Wort und Schrift gefunden.

Am 1. Januar 1871 sprach des Kaisers und Königs Majestät es in Versailles aus: ›Möge Deutschland nie vergessen, daß es Preußens ganze geschichtliche Entwicklung ist, welche uns an dies jetzt erreichte Ziel geführt hat, und daß der Erfolg der Armee zu danken ist!‹

Wir möchten diese Kaiserworte den Schlußstein für die Arbeiten nennen, welche, wie man hört, für dieses National-Denkmal beabsichtigt werden; denn den Grundstein hat schon der erste König Preußens gelegt. Damals freilich in die Kehle eines Bastions der alten Festung Berlin, wegen seiner Wasservorräthe auch gegen die Stadt durch den Wasserlauf der Spree geschützt.

Als die Festung verschwand, die Stadt sich besonders nach Westen hin vergrößerte, nach und nach die Prachtbauten bis zu Anfang der Linden entstanden und dadurch das Zeughaus ohne jeden Schutz in die Mitte der Stadt zu liegen kam, hörte dadurch die Berechtigung des monumantalen Gebäudes auf, nur ein Gewehr- und Geschütz-Magazin zu sein ... Gewohnheit und Sparsamkeit ließen aber den Uebelstand bis 1848 und über 1848 bis jetzt bestehen und die schwere Zeit nach 1806, ja selbst noch lange nach 1815, ließ Verschläge, Rumpelkammern, Handwerksstätten im Zeughause entstehen, die man in einem solchen architektonischen Musterbau wahrlich nicht suchen würde. Um Augmentations-Gewehre und Ausrüstungs-Garnituren aufzubewahren, genügt jeder Kasernenboden, jeder gut bedachte Schuppen! Dazu bedarf man keines Schlüterschen Baues zwischen Schloß, Universität, Bibliothek, Opernhaus und Akademie mitten in einer volkreichen Stadt. Der Gedanke, aus dem Zeughause, oder wenigstens aus einem Theile desselben, und zwar dem ganzen Parterre-Raum der Vorderseite gegen das jetzige Kronprinzliche Palais, eine Ruhmeshalle zu machen, ist auch nicht neu. Schon 1816, als die 3 eroberten Geschütze aufgestellt werden sollten, die jetzt zwischen dem Zeughause und der Königswache stehen, machte Schinkel einen Plan dafür und reichte die Zeichnungen dazu ein. Auch er wollte durch Oeffnung dieser Räume zu einem Durchgange an Festtagen dem Volke die Thaten der Armee zur Anschauung und in Erinnerung bringen. Aber damals war der Staat auf die strengste Sparsamkeit angewiesen, so unterblieb die Ausführung.

Unter wie anderen, günstigen Verhältnissen sehen wir *jetzt* die schöne Idee abermals hervortreten, und um wie viel reicher ist der Stoff für den Schmuck, für die Mahnung und für den berechtigten Stolz des preußischen Volkes herangewachsen! – Wir wissen nicht, was von dem in verschiedenen Blättern Verlautenden für die endliche Verwirklichung eines solchen Monumentes gegründet und vielleicht schon acceptirt ist; aber das Großartigste und Prächtigste kann kaum großartig und prächtig genug für ein solches Denkmal sein; gilt es doch nicht *einer* einzelnen Schlacht, *einem* einzelnen Kriege, nur *einem* unserer Könige, oder nur *einem* unserer Feldherrn, sondern den ganzen Fasces von Ruhm, Ehre, Erfolgen und Tüchtigkeit, welche unsere ›Geschichte ohne Gleichen‹ eingeheimst hat, und die Ruhmeshalle als ein Merkmal für alle Zeiten vereinigen wird ...

Der Plan wird für Bewilligung der Mittel natürlich an den Landtag gelangen, und seine beiden Häuser werden also Gelegenheit haben, zu beweisen, daß Preußen groß geworden ist, denen zu danken, die es groß gemacht, und ganz Deutschland für alle Zeiten darauf zu verweisen, welche Thaten und Anstrengungen die endliche Erfüllung seiner sehnlichsten Wünsche ermöglicht, wo aber auch, menschlich geredet, die festeste Zuversicht auf Dauer und Sicherung zu suchen ist ...«

5. »Entwurf eines Gesetzes betreffend die Umwandlung des Zeughauses zu Berlin in eine Ruhmeshalle für die Preußische Armee« (Auszug)

(Anlagen zu den Stenographischen Berichten über die Verhandlungen des Hauses der Abgeordneten Nr. 186; 12. Legislatur-Periode, 3. Session 1876, 2. Bd., Berlin 1876, S. 1251 ff.)

Wir Wilhelm, von Gottes Gnaden König von Preußen ꝛc.

ertheilen Unseren Ministern der Finanzen, der geistlichen, Unterrichts- und Medizinalangelegenheiten, des Krieges und für Handel, Gewerbe und öffentliche Arbeiten den Auftrag, den beiliegenden Entwurf eines Gesetzes, betreffend die Umwandlung des Zeughauses zu Berlin in eine Ruhmeshalle für die Preußische Armee und somit für die ganze Nation, nebst der dazu gehörigen Denkschrift dem Landtage der Monarchie zur verfassungsmäßigen Beschlußnahme vorzulegen.

Gegeben Wiesbaden, den 20. April 1876.

Wilhelm.

Camphausen. Falk. v. Kameke. Achenbach.

Allerhöchste Ermächtigung.

Entwurf eines Gesetzes,

betreffend

die Umwandlung des Zeughauses zu Berlin in eine Ruhmeshalle für die Preußische Armee.

Wir Wilhelm, von Gottes Gnaden König von Preußen ꝛc.

verordnen, unter Zustimmung beider Häuser des Landtages der Monarchie, was folgt:

§. 1.

Aus den Geldmitteln, welche auf Grund der Bestimmungen in den Artikeln VI. und VII. des Reichsgesetzes vom 8. Juli 1872 (Reichsgesetzblatt Seite 289) und des Artikels 3 des Reichsgesetzes vom 2. Juli 1873 (Reichsgesetzblatt Seite 185), betreffend die Französische Kriegskosten-Entschädigung, der Preußischen Staatskasse zufließen, ist die Summe von sechs Millionen (6,000,000) Mark zur Umwandlung des Zeughauses zu Berlin in eine Ruhmeshalle für die Preußische Armee und für die Preußische Nation, aus der die Armee hervorgehet, zu verwenden.

§. 2.

Die Ausführung dieses Gesetzes wird dem Finanzminister, dem Minister der geistlichen, Unterrichts- und Medizinalangelegenheiten, dem Kriegsminister und dem Minister für Handel, Gewerbe und öffentliche Arbeiten übertragen.

Urkundlich ꝛc. ꝛc.

Gegeben den

Beglaubigt:

Der Finanzminister.	**Der Minister der geistlichen ꝛc. Angelegenheiten.**
Camphausen.	**Falk.**
Der Kriegsminister.	**Der Minister für Handel ꝛc.**
v. Kameke.	**Achenbach.**

Denkschrift

über

die Umwandlung des Zeughauses zu Berlin in eine Ruhmeshalle für die Preußische Armee.

Die denkwürdigen Ereignisse der letzten Jahre haben den Plan angeregt,

„das hiesige Zeughaus in eine Ruhmeshalle für die Preußische Armee und somit für die ganze Nation umzuwandeln."

Zur näheren Erwägung dieses Planes wurde eine Immediatkommission niedergesetzt, welche unterm 7. Juli und 5. Oktober 1874 Bericht erstattete. Nach dem Gutachten dieser Immediatkommission ist die Durchführung des Planes in folgender Weise gedacht:

A. Einrichtung des Gebäudes und nothwendige Baulichkeiten.

1) Der Eingang in die künftige Ruhmeshalle findet durch die Südfront des Zeughauses statt.

Es muß demnach, um einen würdigen Eintritt zu erhalten, in der Mitte des Erdgeschosses dieser Front eine Art Vestibül abgegrenzt werden, welches etwa 3 neben einander liegende Blöcke umfaßt und in dem anliegenden Plan I. mit A. bezeichnet ist.

Die in roth eingezeichneten Begrenzungswände sind jedoch nur so hoch zu führen, daß der Eintretende einen vollen Ueberblick über die Gewölbe des Erdgeschosses erhält.

Die schmaleren Mittelgänge sind durch künstlerisch hergestellte, durchsichtige Gitterthore zu schließen. An diese Halle würde sich dann nach rechts (Osten) das Artilleriemuseum, nach links (Westen) das Ingenieurmuseum reihen.

2) Aus dem Vestibül würde man in den Hof treten, welcher durch eine Eisenkonstruktion zu überdachen und mit Glas einzudecken ist, wie dies auf dem beifolgenden Plan II. durch A. veranschaulicht ist.

Nothwendig erscheint die Ueberdachung des Hofes deswegen, weil andernfalls der Besucher, nachdem er bereits in das Gebäude eingetreten, sich bei schlechtem Wetter den Unbilden der Witterung würde aussetzen müssen; wünschenswerth ist diese Einrichtung darum, weil der Hofraum selbst schon Gelegenheit zur Aufstellung von Statuen oder anderen größeren Gegenständen giebt.

3) Unter der Voraussetzung der Eindeckung des Hofes empfiehlt es sich, eine Freitreppe vom Hofe aus in das obere Stockwerk anzulegen, weil eine solche der Architektur des Gebäudes am besten entspricht.

Diese Treppe ist im Plan I. mit B bezeichnet.

An den schmalen, sehr engen Wendeltreppen, welche in den Eckthürmen liegen, und bisher den einzigen Zugang zu den Räumen des oberen Geschosses bilden, würde Nichts zu ändern sein, weil sie für die Verwaltung bequem, für das Gelangen auf den Bodenraum aber nothwendig sind.

4) Von dem oberen Podest der Treppe gelangt man unmittelbar in die beabsichtigte Ruhmeshalle, welche vorläufig für die Nordfront projektirt ist und ihre Ergänzung durch die, auf den anderen Fronten aufgestellte Sammlung erhält.

In der Mitte der Front würde sich eine flache Kuppel mit Oberlicht erheben, deren innere Fläche durch allegorische bildliche Darstellungen zu schmücken sein wird.

An den Kuppelraum würden sich zu beiden Seiten zwei längere Säle anschließen, welche gleichfalls mit Oberlicht zu versehen wären, da die nach Norden gehenden Fenster, sowie je fünf anschließende, auf der Ost- und Westfront durch Blendmauern geschlossen werden sollen, um Wände für Fresken zu erhalten. Die Blendmauern sollen so angebracht werden, daß sie von außen nicht gesehen und die Façade des Gebäudes durchaus nicht geändert wird. Der in dieser Art hergestellte Raum (aus Kuppel und 2 Sälen bestehend) würde nur die Statuen der Herrscher und der Feldherren, sowie Schlachtenbilder ꝛc. enthalten. Waffen würden in diesem Raum nicht zur Aufstellung gelangen, vielmehr die Dekoration nur durch Malerei und Skulptur auszuführen sein.

Den Kernpunkt der sich dem obigen Raum anschließenden ergänzenden Sammlung würde die Aufstellung der Preußischen Feldzeichen nach ihrem Alter, regimenterweise geordnet, zu bilden haben, die beredetsten Zeugen des Ruhmes früherer Tage. An diese müßte sich, chronologisch geordnet, die Entwickelung der Hand- und Feuerwaffen, der Bekleidungen und Ausrüstungen, sowie der Trophäen, Reliquien, Büsten und Porträts von Männern, welche indirekt zum Ruhme der Armee beigetragen haben, anreihen. Werthvolle Waffen sind in Schränken oder Vitrinen unterzubringen, die weniger werthvollen, sowie die nicht als Trophäen zu betrachtenden fremden Feldzeichen werden zur Dekoration der Pfeiler verwandt. Die beste Sicherheit für den oberen Stock gegen Feuersgefahr würde zweifellos eine Ueberwölbung auch der oberen Etage bieten, und müßte dieselbe schon deswegen zur Ausführung gelangen, dann aber würde der obere Raum durch die Wölbung ein ungleich schöneres Ansehen erhalten, weil dadurch die verhältnißmäßig sehr langen und demgemäß nicht schönen Pfeiler gekürzt würden, ohne daß die lichte Höhe der Etage erheblich beeinträchtigt würde. Die ganze Pfeiler- und Säulenkonstruktion deutet, sowohl was die Form als auch was die Stärke betrifft, darauf hin, daß die Wölbung auch dieses Raumes ursprünglich beabsichtigt war.

B. Künstlerische Ausschmückung der Ruhmeshalle.

Auf der beifolgenden Skizze II. sub B. ist in der Ruhmeshalle eine Eintheilung der anzubringenden Freskogemälde und aufzustellenden Statuen der Herrscher verzeichnet.

Diese Eintheilung dient lediglich dazu, einigermaßen übersehen zu können, wie viel Gemälde und wie viel Statuen der Herrscher und Feldherren wohl Platz in der Ruhmeshalle finden könnten, um dadurch wenigstens einen ungefähren Anhalt zu bekommen, wie groß die Kosten sein würden, um diesen Raum durch Malerei und Skulptur würdig auszustatten.

Die Bestimmung über die Zahl der Statuen, die Auswahl der Persönlichkeiten sowie des Gegenstandes, welchen die einzelnen Gemälde behandeln sollen, endlich darüber, ob der Raum für diese Halle ausreichend oder noch weiter auszudehnen sein wird, wird der Allerhöchsten Entscheidung anheimzugeben sein.

Für die Aufstellung sind um deswillen Statuen und nicht Büsten gewählt, weil bei ersteren die Bekleidung und Bewaffnung mit zur Darstellung gelangen kann, was zur Charakterisirung der Zeit, in welcher die Personen gelebt, wesentlich beiträgt, und sind die Statuen der Herrscher in einem größeren Maßstabe als die der Feldherren gedacht.

Auf Grund dieser Berichterstattung wurde das Staatsministerium Allerhöchsten Ortes beauftragt, den Plan, das hiesige Zeughaus in eine Ruhmeshalle für die Preußische Armee umzuwandeln, einer näheren Erwägung zu unterziehen. —

Die Ruhmeshalle ist für die Preußische Armee bestimmt, und werden daher die erforderlichen Geldmittel lediglich Seitens Preußens aufzubringen sein. Das Zeughaus und das Gebäude, Mollersgasse Nr. 1, sind in die Mitbenutzung des Reiches übergegangen, und können, da dieselben der Militairverwaltung nachweislich zu dienstlichen Zwecken unentbehrlich sind, zur ausschließlichen Verfügung Preußens nur dann gestellt werden, wenn dem Reiche die Mittel geboten werden, an Stelle der von ihm aufzugebenden Räume andere geeignete Lokalitäten zu beschaffen.

Nach dem Ergebniß der zwischen den einzelnen Ressortministerien hierüber gepflogenen Verhandlungen ist die als Aequivalent für das Aufgeben des Zeughauses und des Gebäudes, Mollersgasse Nr. 1, von der Militairverwaltung geforderte und technischer Seits nicht bemängelte Summe von 400,000 Mark für angemessen erachtet worden.

Nachdem die Idee, das Zeughaus in eine Ruhmeshalle für die Preußische Armee umzuwandeln, allseitig Anklang gefunden hatte, wurde bestimmt, daß die Vorbereitung des Projekts durch kommissarische Berathung der Ressortministerien erfolgen solle. Die Kommission wurde aus Vertretern des Finanz-, Kultus-, Kriegs- und Handelsministeriums zusammengesetzt.

Das Resultat dieser kommissarischen Berathungen war Folgendes:

a. Auf Grund der vorgenommenen speziellen Aufnahme ꝛc. des Zeughauses und der weiteren eingehenden Ermittelungen wurden die Kosten für die auszuführenden Bau- und Umbauten nach dem anliegenden Kostenüberschlage auf 2,700,000 Mark, mithin 300,000 Mark weniger, als von der Immediatkommission angegeben, festgestellt.

   Ein bezüglicher Erläuterungsbericht über den projektirten Umbau, sowie die Zeichnung eines Längsprofils, durch welche die Freitreppe, die Ueberdachung des Zeughaushofes, die Einwölbung der oberen Etage und der Kuppelbau im nördlichen Flügel in ihren gegenseitigen Verhältnissen ersichtlich gemacht werden, ist hier angeschlossen.

b. die Kosten für die künstlerische Ausstattung der Ruhmeshalle ermäßigen sich gegenüber den Annahmen der mehrgenannten Immediatkommission um 200,000 Mark und belaufen sich:

1)	für 8 Königsstandbilder 8 Fuß hoch in Marmor resp. Bronze à 30,000 Mark	240,000 Mark
2)	für 14 Fresken, Schlachtgemälde à 40,000 Mark (□-Fuß 100 Mark)	560,000 „
3)	für Standbilder von Generalen 6 Fuß hoch in Marmor resp. Bronze	1,404,000 „
4)	für die künstlerische Ausschmückung des Kuppelbaues durch allegorische Malereien (5000 □-Fuß à 100 Mark) .	500,000 „
5)	für unvorherzusehende Ausgaben	51,000 „
	Summa . .	2,755,000 Mark.

c. Zur Neubeschaffung der von der Militairverwaltung aufzugebenden Räume ꝛc. ist die vorstehend erwähnte Summe von 400,000 Mark erforderlich.

d. Anstatt der von der Immediatkommission für die Beschaffung von Schränken, Vitrinen ꝛc. beantragten Summe von 500,000 Thlr. = 1,500,000 Mark wurden mit Rücksicht darauf 145,000 Mark für ausreichend erachtet, daß sich zur Zeit das Bedürfniß in dieser Richtung nicht übersehen läßt und event. später für diesen Zweck eine seiner Zeit zu ermittelnde Summe in den jährlichen Etat aufzunehmen sein dürfte.

Die ganze Summe für die Umwandlung des Zeughauses in eine Ruhmeshalle für die Preußische Armee stellt sich somit nach dem Gutachten der Ministerialkommission auf 6,000,000 Mark und zwar:

1)	für Bauten	2,700,000 Mark
2)	für künstlerische Ausstattung .	2,755,000 „
3)	für Ersatz der Räume für Waffen ꝛc.	400,000 „
4)	für Beschaffung von Schränken, Vitrinen ꝛc.	145,000 „
	Summa . .	6,000,000 Mark.

Diese Geldmittel würden im Laufe von circa 8 Jahren successive zur Disposition zu stellen sein, da der Umbau selbst einen Zeitraum von circa 3 Jahren in Anspruch nimmt, und erst nachher die Freskeu ausgeführt und die Statuen aufgestellt werden können.

Was die Mittel zur Deckung der Kosten für die Ausführung des qu. Planes betrifft, so ist aus dem auf den ehemaligen Norddeutschen Bund fallenden Restantheil an der Kriegskosten-Entschädigung der Preußischen Finanzverwaltung im Laufe des Februar d. Js. eine Summe von

9,729,507 Mark zur Verfügung gestellt worden.

Der Charakter und der Zweck des Unternehmens dürften diese Gelder als besonders geeignet erscheinen lassen, um die für die Ausführung des Projekts erforderlichen Mittel aus denselben zu entnehmen.

Die Ausführung des Gesetzes würde — außer dem Finanzminister — dem Kultusminister, dem Kriegsminister und dem Handelsminister zu übertragen, und die nach Vollendung des Ganzen erforderlichen Verwaltungskosten, welche nach einer ungefähren Berechnung incl. eines Betrages von 60,000 Mark für Ergänzung der Sammlung ꝛc. die Summe von 180,000 Mark jährlich nicht übersteigen werden, in den Staatshaushalts-Etat aufzunehmen sein.

Berlin, im Februar 1876.

6. »Entwurf eines Gesetzes, betreffend eine anderweite Einrichtung des Zeughauses zu Berlin« (Auszug)

(Anlagen zu den Stenographischen Berichten über die Verhandlungen des Hauses der Abgeordneten Nr. 13; 13. Legislatur-Periode, 1. Session 1877, Berlin 1877, S. 45 ff.)

Wir Wilhelm, von Gottes Gnaden, König von Preußen ꝛc.

ertheilen Unseren Ministern der Finanzen, der geistlichen, Unterrichts- und Medizinal-Angelegenheiten, des Krieges und für Handel, Gewerbe und öffentliche Arbeiten den Auftrag, den beiliegenden Entwurf eines Gesetzes, betreffend eine anderweite Einrichtung des Zeughauses zu Berlin, nebst den dazu gehörigen Motiven dem Landtage der Monarchie zur verfassungsmäßigen Beschlußnahme vorzulegen.

Gegeben Berlin, den 1. Januar 1877.

Wilhelm.

Camphausen. Falk. v. Kameke. Achenbach.

An
die Minister der Finanzen, der geistlichen, Unterrichts- und Medizinal-Angelegenheiten, des Krieges und für Handel, Gewerbe und öffentliche Arbeiten.

Entwurf eines Gesetzes,

betreffend

eine anderweite Einrichtung des Zeughauses zu Berlin.

Wir Wilhelm, von Gottes Gnaden König von Preußen ꝛc.

verordnen, unter Zustimmung beider Häuser des Landtages der Monarchie, was folgt:

§. 1.

Aus den Geldmitteln, welche auf Grund der Bestimmungen in den Artikeln VI. und VII. des Reichsgesetzes vom 8. Juli 1872 (Reichsgesetzblatt Seite 289) und des Artikels 3 des Reichsgesetzes vom 2. Juli 1873 (Reichsgesetzblatt Seite 185), betreffend die Französische Kriegskostenentschädigung, der Preußischen Staatskasse zufließen, ist die Summe von „Vier Millionen dreihundertdreißig Tausend (4,330,000) Mark" zu einer anderweiten Einrichtung des Zeughauses zu Berlin zu verwenden.

Diese Einrichtung bezweckt die Aufnahme einer, die rühmliche Geschichte des Preußischen Heeres und somit des ganzen Preußischen Volkes darstellenden Sammlung.

§. 2.

Die Ausführung dieses Gesetzes wird dem Finanzminister, dem Minister der geistlichen, Unterrichts- und Medizinalangelegenheiten, dem Kriegsminister und dem Minister für Handel, Gewerbe und öffentliche Arbeiten übertragen.

Urkundlich ꝛc. ꝛc.

Gegeben den ten 187

Beglaubigt.

Der Finanzminister.	**Der Minister der geistlichen ꝛc. Angelegenheiten.**
Camphausen.	**Falk.**
Der Kriegsminister.	**Der Minister für Handel ꝛc.**
v. Kameke.	**Achenbach.**

Motive

zu

dem Gesetzentwurf, betreffend eine anderweite Einrichtung des Zeughauses zu Berlin.

Das vom Deutschen Volke so lange ersehnte und erstrebte Ziel, Deutschlands Einigung, ist nach schweren Kämpfen erreicht.

Nicht mehr allein steht Preußens Armee, vereint mit ihr wacht Deutschlands Heer über die Sicherheit des Vaterlandes.

Für die Geschichte der Preußischen Armee beginnt jetzt ein neuer Abschnitt: die gemeinsame Geschichte des Deutschen Heeres.

Mit berechtigtem Stolze kann die Preußische Armee — und mit ihr das Preußische Volk, aus dem sie hervorgegangen — zurückblicken auf ihre Vergangenheit, deren Geschichte in gewissem Sinne nun einen Abschluß gefunden hat.

Denn Großes ist in den letzten Jahrhunderten geschaffen worden. Immer von Neuem haben Volk und Armee gewetteifert in den Beweisen eines seltenen Muthes, opferwilliger Hingabe und Treue.

Berechtigt ist da wohl der Wunsch, das Andenken an diese Thaten bei den kommenden Geschlechtern wach zu erhalten und ihnen diese nicht blos in den Geschichtsbüchern zu überliefern, sondern auch zur lebendigen Anschauung zu bringen durch Sammlung aller Gegenstände, welche auf die Entwickelung des Brandenburgisch-Preußischen Kriegswesens Bezug haben, und der Trophäen Preußischen Kriegsruhms.

Die meisten Nationen Europas haben einen ähnlichen Gedanken bereits verwirklicht. Anstalten wie der Tower in London, das musée d'artillerie in Paris, das Arsenal in Wien, das Artillerie- und Intendanturmuseum in St. Petersburg, die Armeria in Madrid, geben davon Zeugniß. Selbst in den einzelnen Kantonen der Schweiz, wie in Bern, Basel, Luzern u. s. w., findet man die Entwickelungsgeschichte der Bewaffnung seit der Unabhängigkeit der Schweiz dargestellt.

Auch einzelne Staaten in unserm Deutschen Vaterlande haben es sich angelegen sein lassen, Alles auf das Kriegswesen Bezügliche in Sammlungen zu vereinigen; so zeichnet sich das Nationalmuseum in München durch seine wissenschaftliche und sachgemäße Anordnung, die Waffensammlung in Dresden durch ihre Reichhaltigkeit aus. Kleinere, die einzelnen Länder betreffende Sammlungen finden sich ferner in Darmstadt, Coburg, auf der Wartburg bei Eisenach, in Altenburg, Greiz und an anderen Orten.

In Preußen sind außer einer kleinen, aber recht werthvollen Waffensammlung im hiesigen Zeughause und vielen, im Besitz von Mitgliedern des Königlichen Hauses befindlichen Stücken Gegenstände, wie sie hier in Betracht kommen, mehr als man ahnt, im ganzen Lande verstreut, theils im Besitz von Privaten, theils in dem von Korporationen, Städten, Kirchen ꝛc.

Diese historischen Andenken zu sammeln, ihre Erhaltung durch sorgsame Obhut zu sichern und geschichtlich geordnet der Nation zugänglich zu machen, soll Aufgabe eines neu zu schaffenden Instituts sein.

A. Das Zeughaus zu Berlin, bauliche Veränderungen und Einrichtung desselben.

Zur Aufnahme der in Rede stehenden Sammlung ist das hiesige Zeughaus ausersehen, ein Gebäude, wie es vermöge seiner Lage, der edlen Einfachheit seiner Grundform, der reichen Gliederung seiner gewaltigen Masse und der seltenen Schönheit seines äußeren Schmuckes, dessen Motive überdies dem Kriegswesen entnommen sind, herrlicher und würdiger nicht gedacht werden kann. Nur seine jetzige innere Einrichtung würde dem neuen Zwecke nicht entsprechen.

Abgesehen von einzelnen für die gegenwärtigen Verwaltungszwecke hergestellten Verschlägen durch Fachwerks-, Bretter- und Lattenwände, enthält das Zeughaus im Innern zwei große kahle Räume, einen im Erdgeschoß, einen im ersten Stock. Zu dem letzteren führen vom Hofe her zwei enge Wendeltreppen. Die Einförmigkeit der beiden Räume wird nur durch die Pfeilerstellungen unterbrochen, welche im Erdgeschoß ein schönes Gewölbe, im ersten Stock eine Balkendecke tragen. Für die Aufbewahrung großer Massen gleichartiger Waffenvorräthe vollkommen geeignet, entspricht jene Einförmigkeit den Anforderungen nicht, welche im Interesse der künstlerischen Anordnung einer dem Publikum jederzeit zugänglichen Sammlung gestellt werden müssen. Hierfür erscheinen mit besonderer Rücksicht darauf, daß jene Anordnung in keiner Weise erdrückend auf die aufgestellten Gegenstände wirke, folgende bauliche Veränderungen nothwendig:*)

1) Der Haupt-Eingang des Zeughauses wird durch das Portal in der Mitte der Südfront nach dem Platz am Zeughause wieder hergestellt. Hier muß, um einen würdigen Eintritt zu erhalten, im Erdgeschoß ein Vestibül abgegrenzt werden, das drei neben einander liegende Blöcke umfaßt, und in dem anliegenden Plane I. mit A. bezeichnet ist. Die eingezeichnete Begrenzung ist durch hohe eiserne, reich verzierte Gitter, welche an den schmalen Mittelgängen Thore bilden, herzustellen, so daß der Eintretende einen vollen Ueberblick über die Gewölbe des Erdgeschosses behält.

   An dieses Vestibül würde sich nach rechts (Osten) das Artilleriemuseum, nach links (Westen) das Ingenieurmuseum anreihen.

2) Dem Eingange zum Vestibül gegenüber gelangt man in den Hof, welcher durch eine Eisenkonstruktion zu überdachen und mit Glas einzudecken sein wird, wie dies auf dem beifolgenden Plane II. durch A veranschaulicht ist.

   Nothwendig erscheint die Ueberdachung des Hofes deswegen, weil andernfalls der Besucher, nachdem er in das Gebäude eingetreten, sich bei schlechtem Wetter den Unbilden der Witterung aussetzen müßte, um in das obere Stockwerk zu gelangen; wünschenswerth ist diese Einrichtung darum, weil der Hofraum selbst

*) Die Konzeption dieser Veränderungen rührt von dem Geheimen Regierungsrath Hitzig her.

schon Gelegenheit bietet, größere Gegenstände in ihm aufzustellen. Hierdurch werden zugleich die berühmten Schlüter'schen Köpfe sterbender Krieger für immer dem schädlichen Einfluß der Witterung entzogen.

3) Unter der Voraussetzung der Ueberdachung des Hofes empfiehlt es sich, eine Freitreppe vom Hofe aus in das obere Stockwerk anzulegen, weil eine solche der Architektur des Gebäudes am Besten entspricht. Diese Treppe ist im Plan I mit B. bezeichnet. An den beiden jetzigen engen Wendeltreppen, welche in den Eckthürmen liegen, würde Nichts zu ändern sein, weil sie für die Verwaltung bequem, für das Gelangen auf den Bodenraum aber nothwendig sind.

4) Vom oberen Podest der Treppe gelangt man in die Mitte der Nordfront des oberen Stockwerkes. Hier ist ein größerer Raum für den Eintritt projektirt, der mit einer flachen Kuppel überdeckt wird. (Siehe Plan III.)

An den Kuppelraum schließen sich zu beiden Seiten (nach Osten und Westen) zwei Säle an, welche mit Oberlicht zu versehen sind, da sie sonst sich weder zur Aufstellung von Waffen ꝛc. noch für den Schmuck durch künstlerische Darstellungen eignen würden, indem durch die in der sehr engen Straße liegenden hohen Gebäude den nach Norden gehenden Fenstern fast gänzlich das Licht entzogen ist. Durch die vorgeschlagene Einrichtung ist, um eine einheitliche Beleuchtung zu gewinnen, ein Schließen der Fenster bedingt. Die äußere Façade des Gebäudes wird dadurch nicht alterirt.

Den Kernpunkt der, dem obenbezeichneten Raum sich anschließenden, auf den übrigen Fronten aufzustellenden Sammlung würden die brandenburgisch-preußischen Feldzeichen zu bilden haben, die beredtesten Zeugen der Großthaten vergangener Zeiten. Ihnen würde sich eine Darstellung der Entwickelung der Schutz- und Trutzwaffen, der Bekleidungen, Ausrüstungsstücke u. s. w. anreihen.

C. Künstlerische Ausstattung der inneren Räume des Zeughauses.

Der monumentale Charakter des Zeughauses, welches unter Schlüter's Werken eine hervorragende Stelle einnimmt, führt zu dem Wunsche, einer Sammlung, wie sie hier in Rede steht, durch eine monumental-künstlerische Ausstattung eine angemessene Ergänzung und den Räumen selbst die rechte Weihe zu geben. Es wird deshalb in Vorschlag gebracht, diejenigen Räume, welche man von dem Podest der Freitreppe aus zuerst betritt, mit Skulpturen und Malereien zu schmücken, welche theils die Träger der in der Sammlung vergegenwärtigten Entwickelung, vor Allen die Herrscher Brandenburg-Preußens vom Großen Kurfürsten an, darstellen, theils an die Ereignisse erinnern sollen, die als Epoche machend in jener Entwickelung erscheinen, wie ein ähnlicher Gedanke bereits im Arsenal zu Wien ausgeführt ist.

Den Plan und die Entwürfe für diese künstlerische Ausschmückung festzustellen, wird es noch des Zusammenwirkens geeigneter Kräfte bedürfen. Die Ausführung durch Meister der vaterländischen Kunst wird eine lange Reihe von Jahren erfordern, auf welche die, nach einem vorläufigen Entwurf auf 1,400,000 Mark veranschlagte Summe der Kosten sich vertheilen wird.

E. Geldmittel.

Die in Vorstehendem entwickelten Einzelansätze ergeben eine für die Verwirklichung des Gedankens erforderliche Gesammtsumme von Vier Millionen dreihundertdreißig Tausend (4,330,000) Mark.

Zur Deckung dieser Kosten werden sich nach dem Charakter und dem Zwecke des Unternehmens diejenigen Mittel am besten eignen, welche als Restentheil Preußens an der auf den ehemaligen Norddeutschen Bund fallenden Kriegskostenentschädigung im Jahre 1876 eingegangen sind.

Die später erforderlichen Verwaltungskosten, welche inklusive eines Postens von 60,000 Mark für Vervollständigung der Sammlungen die Summe von 180,000 Mark nicht übersteigen werden, sowie die Mittel für den Erwerb eines etwa erforderlich werdenden Dienstverwaltungsgebäudes werden seiner Zeit in den Staatshaushaltsetat aufzunehmen sein.

Berlin, im Dezember 1876.

ABBILDUNGSNACHWEIS

Berlin, Institut für Denkmalpflege, Meßbildarchiv: 4, 12, 20, 42. – Berlin, Staatliche Museen, Nationalgalerie: 19, 30, 32, 34, 36, 38, 41. – Berlin, Deutsche Staatsbibliothek: 11. – Berlin, Landesbildstelle: 6, 7, 16, 17. – Berlin, Bildarchiv Preußischer Kulturbesitz: 9. – Berlin, Verwaltung der Staatlichen Schlösser u. Gärten: 8. – Berlin, Technische Universität, Plansammlung der Universitätsbibliothek: 51, 52, 55, 56, 58. – Berlin, Kunstbibliothek Preußischer Kulturbesitz: 53. – Göttingen, Archiv d. Vf.: 1, 2, 3, 5, 10, 13, 14, 15, 21, 22, 23, 24, 25, 26, 27, 28, 29, 31, 33, 35, 37, 39, 40, 43, 44, 45, 46, 47, 48, 49, 50, 54, 57, 59, 60, 61. – Wien, Heeresgeschichtliches Museum: 61. – Die Zeichnung Abb. 18 fertigte Frau Marion Schrader, Göttingen, an.